JN025424

川畑直人・大島剛・郷式徹［監修］
公認心理師の基本を学ぶテキスト

20

産業・組織心理学

個人と組織の心理学的支援のために

加藤容子・三宅美樹［編著］

ミネルヴァ書房

公認心理師の基本を学ぶテキスト
監修者の言葉

　本シリーズは，公認心理師養成カリキュラムのうち，大学における必要な科目（実習・演習は除く）に対応した教科書のシリーズです。カリキュラム等に定められた公認心理師の立場や役割を踏まえながら，これまでに積み上げられてきた心理学の知見が，現場で生かされることを，最大の目標として監修しています。その目標を達成するために，スタンダードな内容をおさえつつも，次のような点を大切にしています。

　第一に，心理学概論，臨床心理学概論をはじめ，シリーズ全体にわたって記述される内容が，心理学諸領域の専門知識の羅列ではなく，公認心理師の実践を中軸として，有機的に配列され，相互連関が浮き出るように工夫しています。

　第二に，基礎心理学の諸領域については，スタンダードな内容を押さえつつも，その内容が公認心理師の実践とどのように関係するのか，学部生でも意識できるように，日常の生活経験や，実践事例のエピソードと関連する記述を積極的に取り入れています。

　第三に，研究法，統計法，実験等に関する巻では，研究のための研究ではなく，将来，公認心理師として直面する諸課題に対して，主体的にその解決を模索できるように，研究の視点をもって実践できる心理専門職の育成を目指しています。そのために，調査や質的研究法の理解にも力を入れています。

　第四に，心理アセスメント，心理支援をはじめとする実践領域については，理論や技法の羅列に終わるのではなく，生物・心理・社会の諸次元を含むトータルな人間存在に，一人の人間としてかかわる専門職の実感を伝えるように努力しています。また，既存の資格の特定の立場に偏ることなく，普遍性を持った心理専門資格の基盤を確立するよう努力しています。さらに，従来からある「心理職は自分の仕事を聖域化・密室化する」という批判を乗り越えるべく，多職種連携，地域連携を視野に入れた解説に力を入れています。

第五に，保健医療，福祉，教育，司法・犯罪，産業といった分野に関連する心理学や，関係行政の巻では，各分野の紹介にとどまるのではなく，それぞれの分野で活動する公認心理師の姿がどのようなものになるのか，将来予測も含めて提示するように努力しています。

　最後に，医学に関連する巻では，心理職が共有すべき医学的知識を紹介するだけでなく，医療領域で公認心理師が果たすべき役割を，可能性も含めて具体的に例示しています。それによって，チーム医療における公認心理師の立ち位置，医師との連携のあり方など，医療における心理職の活動がイメージできるよう工夫しています。

　心理職の仕事には，①プロティアン（状況に応じて仕事の形式は柔軟に変わる），②ニッチ（既存の枠組みではうまくいかない，隙間に生じるニーズに対応する），③ユビキタス（心を持つ人間が存在する限り，いかなる場所でもニーズが生じうる），という3要素があると考えられます。別の言い方をすると，心理専門職の仕事は，特定の実務内容を型通りに反復するものではなく，あらゆる状況において探索心を持ちながら，臨機応変に対処できること，そのために，心理学的に物事を観察し理解する視点を内在化していることが専門性の核になると考えます。そうした視点の内在化には，机上の学習経験と「泥臭い」現場の実践との往還が不可欠であり，本シリーズにおいては，公認心理師カリキュラムの全科目において，学部生の段階からそうした方向性を意識していただきたいと思っています。

　公認心理師の実像は，これから発展していく未来志向的な段階にあると思います。本シリーズでは，その点を意識し，監修者，各巻の編集者，執筆者間での活発な意見交換を行っています。読者の皆様には，各巻で得られる知識をもとに，将来目指す公認心理師のイメージを，想像力を使って膨らませていただきたいと思います。

　　2019年2月

　　　　　　　監修者　川畑直人・大島　剛・郷式　徹

目　次

公認心理師の基本を学ぶテキスト　監修者の言葉

序　章　産業・組織心理学を学ぶ意義

加 藤 容 子

1　産業・組織心理学とは

1-1　目的・対象

産業・組織心理学とは，産業活動における人の心理や行動を明らかにすることで，労働や組織運営，消費行動に関してより生産性が高くかつ健全な状態を目指そうとする応用心理学の一部門である。したがって産業・組織心理学が対象とするのは，働く人，組織，消費者である。

本書は，公認心理師として働くために必要な知識体系としての産業・組織心理学をとりあげる。公認心理師は，「国民の心の健康の保持増進に寄与すること」を目的としており，その業務としては，心理に関する支援を要する者やその関係者を対象とした支援，および心の健康に関する知識普及のための教育・情報の提供があると定められている（公認心理師法，2015年）。したがって本書では，産業・組織心理学が扱う領域のうち，主に働く人や組織に関する知見をとりあげる。

1-2　歴　史

産業心理学の始まりは，ドイツの心理学者ミュンスターベルク（Münsterberg, H.）がアメリカに渡ったあとに著した『心理学と経済生活』（1912年）と『心理学と産業効率』（1913年）による。ここでは，①最良の人材

の選抜，②最良の仕事方法，③最大の効果発揮の研究が検討されており，これは現在も続く代表的なテーマでもあるといえる。

　同じころ，産業が発展し生産性の向上が求められるアメリカで，技師テイラー（Taylor, 1911 有賀訳 2009）により**科学的管理法**が開発された。彼は現場での効率的な労働を組織的に管理する観点から研究を進め，ミュンスターベルクもそのあり方に賛同したという。科学的管理法とは，作業に必要な時間はどのくらいか，その作業を行うのに最適で効率的な動作や姿勢はどのようなものかということから作業の標準方式を割りだし，無駄のない適切な作業を実践することで，適正な賃金が与えられるという方法である。この科学的管理法は，組織や管理者にとっては効果的に目的達成を進めることができるというメリットがあり，また労働者にとっては具体的な作業方法がわかり適正な賃金を得られるというメリットがあったため，広く浸透していった。現代の組織においても，作業の分担，作業内容の精査と標準化，専門的役割の分化など，科学的管理法の考え方にもとづいた組織運営は広く実践されているといえるだろう。

　しかしその後**ホーソン研究**によって，このような考え方は見直されることとなった。これは，ウェスタン・エレクトリック社が1927年よりアメリカのホーソンにある製造工場において行った，科学的管理法にのっとった実験研究である。職場の照明や休憩時間などの職場環境が労働者の作業効率に及ぼす影響を明らかにすることが目的とされたが，研究の結果，両者の関係性は見られなかった。その後メイヨー（Mayo, 1933 村上訳 1967）らが加わり，6名の女性労働者を対象とした研究を継続したところ，照明が暗いといった不利な労働条件であっても，研究期間を通して生産性は上がっていった。その理由を探る中で，労働者たちが互いに励まし合ったり効率性を高める工夫をする様子が見出された。この一連の研究から，労働者が働いて成果を出す過程には，心理的な要素が大きくかかわってくることが注目された。労働者を情緒的で関係にもとづいた存在ととらえる考え方を，人間関係論という。

　これ以降，組織と個人をとらえる理論には大きな展開が起こった。すなわち先の科学的管理法で想定されていたような，合理的な人間が効率的に働くこと

を想定した**機械的な人間観・組織観**から，情緒的で非合理的な人間が組織と相互に影響をおよぼし合うという**有機的な人間観・組織観**へと変化していった。そして，産業の発展にともない多くの労働者を組織的に運営するスタイルが主になったという時代背景にも対応して，組織における人間の行動や心理がさかんに研究されるようになった。これらの研究領域は**組織心理学**と名づけられた。

　その後，産業心理学と組織心理学は密接に関連することから，1973年にアメリカ心理学会（APA）では第14部門の名称を「産業心理学」から「**産業・組織心理学**」へと変更した。わが国でも1985年に産業・組織心理学会が設立され，組織行動，人事心理学，作業心理学（人間工学），消費者心理といった領域が研究されている。

1-3　産業・組織心理学の分野

　産業・組織心理学を研究する産業・組織心理学会では，①個々人および集団が人間の可能性を基盤として成長することを探究する人事部門，②効率的であると同時に健康的かつ生きがいのある組織を形成することを探究する組織行動部門，③心と行動の総合体として作業を遂行することを探究する作業部門，④文化的生活者として消費することのできる条件を探究する消費者行動部門という四つの研究部門を設定している。

　人事部門では，組織の重要な資源の一つである人材の管理・運用が検討されており，具体的には人材の採用，配置，評価，訓練などが扱われている。近年は労働者の人間性を尊重する観点から，キャリア開発と育成，ワーク・ライフ・バランス，ハラスメントなどの研究も進んでいる。

　組織行動部門では，組織と個人の関係性や組織・集団における人々の態度や行動が検討されている。具体的には組織における個人の特性や能力，ワーク・モティベーション，集団行動，コミュニケーション，リーダーシップなどが扱われている。

　作業部門では，効率性・生産性とともに労働者の安全性・健康がともに高まることが追究されており，人間工学とのかかわりも深い。近年は産業の高度

化・多様化にともなって，労働災害やヒューマンエラー，メンタルヘルスの問題がとくに検討されている。

消費者行動については，購買における行動や意思決定プロセス，広告や宣伝が消費者に及ぼす影響，マーケティングの効果などが研究されている。購買や消費を促す戦略的な方向だけでなく，消費者が不利益を被らないような予防・対策的な価値も重視されている。

これらのうち本書では，公認心理師の業務と深く関わる人事部門，組織行動部門，作業部門に関する重要な理論と実践をとりあげ，消費者行動については他書に譲る（たとえば，産業・組織心理学会企画・永野編，2019など）。

1-4 方 法

産業・組織心理学は応用心理学であるため，実際に問題となる産業場面を設定した上での研究が主である。したがって，理論的なモデルや知見を構築するという価値と，実践面の有用性を検討するという価値の両方を目指すことが必要となるといえるだろう。

理論構築のためには，代表的な心理学研究法である実験法，質問紙調査法，面接調査法，検査法，観察法が用いられる。またより実践に根ざした理論の抽出のためには，事例研究法やアクションリサーチ法が用いられる。

また産業・組織心理学は個人と組織の両方を対象とするため，扱うデータとしては，個人レベル，集団レベル，組織レベル，あるいはそれらを複合したものとなる。いずれにしても，個人・集団・組織・社会に関する多層的な理解と解釈が必要になる。

2 産業・組織心理学をとりまく現状

2-1 労働をとりまく変化

現在，産業場面においては環境の変化が速いスピードで大きく起こってきている。

労働力

　まず労働力については第一に，1990年代から規制緩和により非正規労働者が増えたことがあげられる。これと連動して，成果主義・能力主義による採用や人事評価も増加した。ここから組織は，組織内部で長期的に雇用し育成する正規労働者と，外部から短期的に雇用する専門的能力をもつ非正規労働者とを，適切に採用・評価しマネジメントすることが求められるようになった。また労働者としても働き方の選択肢が増えたことにより，自らの働き方・生き方を考える機会をもつようになった。このような変化は負の作用として，非正規雇用労働者の処遇面の不利益，正規雇用労働者の過重労働，さらに正規と非正規の格差による組織内の対人関係や業務上の困難などをもたらしてきた。現在は，同一の仕事に従事する労働者はみな，同一水準の賃金が支払われるべきだという「同一労働同一賃金」の実現に向けて，非正規雇用労働者の処遇改善が図られつつある。

　労働力の変化の2点目として，労働力の不足とそれによる多様化があげられる。超高齢社会にあるわが国では，労働力となる15歳以上の人口が2017年ごろより減少している。この問題に対応するため，成人男性が中心であった労働力から，女性・高齢者・外国人などあらゆる人が労働に参画するように，社会的な変動が起きている。たとえば，「改正高年齢者雇用安定法」（2006年）によって65歳までの雇用確保が義務化されたことにより，60歳を超えても働きつづける労働者が増加している。また女性は結婚・出産・育児などで仕事を離れる割合が高かったが，意識の変化や職場環境の変化によって，働きつづける女性が増加しており，「女性活躍推進法」（2016年）がそれを後押ししている。世帯で見てみると，1980年代までは専業主婦世帯が共働き世帯の約2倍だったが，1990年代には両世帯はほぼ同数となり，2000年代以降は共働き世帯の方が多くなり，2018年度の調査では共働き世帯が専業主婦世帯の約2倍となっている（総務省，2018）。さらには外国人労働者の増加や雇用形態の多様化など，働く現場では様々な人が様々な働き方をするようになってきている。これらは**ダイバーシティ（多様性）**とよばれている。

このような働く人や働き方の多様性は，**ワーク・ライフ・バランス**という考え方とも連動している。「仕事と生活の調和（ワーク・ライフ・バランス）憲章」によると，**ワーク・ライフ・バランス**が実現した社会は「国民一人ひとりがやりがいや充実感を感じながら働き，仕事上の責任を果たすとともに，家庭や地域生活などにおいても，子育て期，中高年期といった人生の各段階に応じて多様な生き方が選択・実現できる社会」（内閣府，2007）とされている。当初は国や専門家が提示した考え方であるが，現在では個人がもつライフスタイルの価値観として浸透してきており，働く現場においてもその実現が重要なものと認識されてきている。

産業活動

次に産業活動を見てみると，高度経済成長期には消費者による物やサービスの需要に応えるために，一律に大量に生産することが行われていた。いわば「足りないものをたくさん作る」ことが目指されてきた。しかし必要なものはそろって物質的な豊かさが実現されてきた現代では，生活の質を高めるものや環境によいもの，人々の健康を高めるものが求められてくるようになった。さらに近年は，人々にこれまでの行動様式や思考様式をとびこえさせるような「新しい価値を提供する」ことが求められている。多くの組織では，異業種連携や多職種連携によるイノベーションが目下の課題として掲げられている。

加えて近年，ますます人権意識が高まっていることも注目される。国際労働機関（ILO）は1972年，近代産業発展の副産物として労働生活の質が低下していることを指摘し，その改善を提言した。その後は，先に述べたワーク・ライフ・バランスをはじめとした取り組みが国際的に進んできている。わが国ではとくに1990年代に自殺者が3万人を超えた時期より，過重労働による精神障害の発症やそれによる自殺が社会的な問題となり，法令や指針などによる残業時間の低減や休暇・休業取得の勧奨といった対策が進められてきた。このうち，これまで仕事に専念しがちであった男性が育児・介護休業を取得することは，その人自身だけでなく職場や組織へのインパクトが大きいため，社会的な関心にもなっている。同時に，女性，障害者，病人，高齢者など，従来の労働者と

して少数派であった人たちが働きやすいような，また活躍できるような施策も積極的に開始されている。**セクシュアルハラスメント**に続き，**マタニティハラスメント**，**パワーハラスメント**も法律にその禁止がうたわれ，人権を尊重した働き方が明確に目指されている。2019年4月からは「働き方改革を推進するための関連法律の整備に関する法律（以下，働き方改革関連法）」が順次施行されており，これらの動きがより現実的になってきている。

　こういった労働環境の変化にともない，労働者の雇用は「男性が，長時間労働で，大量生産を目指す」モデルから，「あらゆる人が，ワーク・ライフ・バランスを保ちながら，創造的な価値を見出す」モデルへと変化しているといえるだろう。ただしその実現はいまだ途上であり，前者の雇用モデルによる様々な弊害への対処が必要であったり，後者の雇用モデルへの変化に人々や集団の意識がついていけず葛藤が生じたり，といった問題が起こっているといえる。

2-2　労働者の心理

　前述のように見てきた労働をとりまく環境とその変化は，労働者の心理にも影響をおよぼしている。

　まず仕事の高度化や長時間労働，成果主義などの影響により，労働者のメンタルヘルスの問題が生じていることが指摘されている。厚生労働省による労働者健康状況調査（2012年まで5年ごとに実施）および労働安全衛生調査（2013年より改正して実施）では，仕事や職業生活に関する強いストレスを感じている労働者は，全体の5割以上を占めていることが見出されている。また長時間労働による脳・血管疾患や精神障害の問題も増加し，それらによる労災の申請や認定の件数も増加している。

　また，多様な働き方を求める労働者が，いかに自分らしいキャリアを構築するかということも重視されている。終身雇用・年功序列の制度の中で一定のキャリア発達が想定されていた時代では，不自由さやきゅうくつさのある一方で安定感を得てきたと考えられる。しかし，自分の意思や目標，成果によって人事考価がされたり転職が行われたりするという柔軟なキャリア構築の時代にお

いては，自由が尊重される一方で，自律性や主体性も求められるという負担ももたらされてきたともいえる。

　さらに，質的に高度な仕事や新しい価値を創造する仕事をするには，職場のチームとしての力やコミュニケーションの力が必要とされてくる。組織がこれらの力を求めていることは明らかであり，たとえば企業が採用選考時に重視する要素として，2004年ごろからコミュニケーション能力が注目されるようになって以降，その高まりは現在まで続いている（日本経済団体連合会，2018）。

　以上のような，ストレスとメンタルヘルス，キャリア，組織行動などにおいて，労働者が困難に直面している状況があることから，心理職（公認心理師）は自らの専門性の立場からこれに応えることが必要だと考えられる。

3　本書の概要

3-1　本書の目的

　これまで見てきたような産業と労働の状況において，心理職（公認心理師）として有意義な仕事を行うためには，どのような知識を身につけ，どのような態度や志向性で，どのように考えて実践する必要があるのだろうか。

　本書ではこれらの要求に応えるために，産業・組織心理学の諸理論をその内容のみならず意義も含めて理解すること，また諸理論をより実践的に用いる考え方を身につけること，さらにそれらにもとづいた実際の臨床場面での活動内容と，そのために必要な技術や態度について知ることを目的とする。

3-2　本書の内容

　本書は大きくわけて三つの部から構成される。

　第Ⅰ部では，「産業・組織を知る」ことを目的とする。まず第1章にて，組織とは何なのか，その運営や管理について概説した上で，組織を心理学的にアセスメントし支援する観点を提案する。そして第2章では，産業・労働分野での支援の根拠となる法令・制度について紹介する。これらによって，読者には

産業・組織心理学という学問体系および産業・労働分野での心理臨床実践を支える基本的な理論や法令について，理解するとともに考える枠組みを得ることが期待される。またこれらを基盤として，第Ⅱ部や第Ⅲ部の理解につながることを目指している。

　第Ⅱ部では，「産業・組織における人を理解する」ことを目的とする。第3章では，働く人の発達や成長に着目したキャリアという概念と理論を紹介する。第4章では，組織で働く人がどのような行動をするのかについて，とくにワーク・モティベーションや組織コミットメントの観点から考える。第5章では，組織運営の要でもあるリーダーシップの機能について解説する。第6章では個人を超えた複数人の人間関係および集団についてとりあげ，その複雑性に迫る。第7章では働くことにともなうストレスについて概説し，メンタルヘルスの向上についても考える。そして第8章では労働の効率性と安全性を両立する観点から，関連する理論や実践を紹介する。

　第Ⅲ部では，「産業・労働分野の心理学的支援を考える」ことを目的とする。産業・労働分野の心理学的支援は，第Ⅰ部における考え方と法令，および第Ⅱ部における諸理論にもとづいて実践されている。まず第9章では，産業・組織心理学を基礎とした心理臨床について，その概要や支援方法の実際を紹介する。第10章では，労働者のメンタルヘルス上の安全や保健を守る産業精神保健について，概要を説明する。そのうち近年の重要なトピックの一つであるストレスチェック制度は，第11章でとりあげる。第12章では，多様な人や多様な働き方に対する心理学的支援のいくつかの例を紹介する。最後の第13章では，組織が発展するための支援として組織開発をとりあげて概説する。

　第Ⅲ部でとりあげる心理学的支援の代表的なものについては，図0-1のように位置させられる。心理職（公認心理師）が組織と個人を支援する場合，メンタルヘルスの保持増進を目的とすることに加え，心理的な発達や成長を目的とする場合もある。そして対象とするのは，個人やその関係者（職場，上司，同僚，家族等）だけでなく組織そのものも含まれる。

　メンタルヘルスの保持増進を目的とした支援で依拠する代表的な理論は，ス

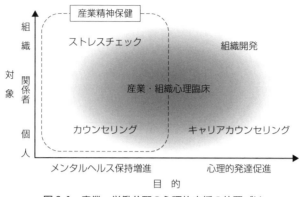

図 0-1　産業・労働分野の心理的支援の位置づけ

トレス理論（第7章）や作業と安全に関する研究の理論（第8章）である。ま
たストレス要因となるようなキャリア発達（第3章）や職場の人間関係に関す
る諸理論（第5章，第6章）も用いることになる。

　労働者や組織の発達・成長を支援する際に依拠する理論は，キャリア発達
（第3章），ワーク・モティベーション（第4章），リーダーシップ（第5章），
ポジティブ心理学に関する諸理論である。ポジティブ心理学とは，人の潜在的
な可能性に注目して生産性や充実度を高めるような現象やメカニズムを研究す
る領域であり，産業・労働分野での成長促進的な支援にかかわる重要な理論で
ある。

　なお本書の執筆者群は，日々実践的な観点からの研究や活動にたずさわって
おり，第2章執筆の西脇氏は弁護士であり，その他の執筆者は公認心理師・臨
床心理士である。したがって本書で紹介する理論や実践活動には，その現場の
感覚が現れているものと期待される。

3-3　本書の利用価値

　本書は，働くことにまつわる心理学的な現象や課題を解説したものである。
したがって本書の知識や理解の枠組みを用いることによって，現在働いている
人やこれから働く人など幅広い人々が，自らの職業生活やキャリアを充実して

いくことを期待したい。

　心理職（公認心理師）を目指す人にとっては，本書の内容はあくまでも基礎的・入門的なレベルであるため，実際に公認心理師として効果的に働くためには，各理論や実践方針に関する理解を追加し，深めていただきたい（たとえば，産業・組織心理学企画（2019）など）。なお本書で紹介しているキーワード（太字語句）は，一般社団法人日本心理研修センターによる「平成31年度公認心理師試験出題基準（ブループリント）」，および日本心理学会が管轄し日本産業・組織心理学会が内容を吟味・作成した「公認心理師大学カリキュラム標準シラバス（2018年8月22日版）」に掲載されているキーワードを，おおむね網羅していることを追記する。

引用文献

Mayo, E. (1933). *The human problems of an industrial civilization.* New York: The Macmillan.
　（メイヨー，E.　村上　栄一（訳）（1967）．新訳　産業文明における人間問題　日本能率研究）

内閣府（2007）．仕事と生活の調和（ワーク・ライフ・バランス）憲章　http://wwwa.cao.go.jp/wlb/government/pdf/charter.pdf（2019年5月31日閲覧）

日本経済団体連合会（2018）．2018年度新卒採用に関するアンケート調査結果

産業・組織心理学会（企画）芳賀　繁（編）（2019）．産業・組織心理学講座第4巻　よりよい仕事のための心理学　北大路書房

産業・組織心理学会（企画）角山　剛（編）（2019）．産業・組織心理学講座第3巻　組織行動の心理学　北大路書房

産業・組織心理学会（企画）金井　篤子（編）（2019）．産業・組織心理学講座第1巻　産業・組織心理学を学ぶ　北大路書房

産業・組織心理学会（企画）永野　光朗（編）（2019）．産業・組織心理学講座第5巻　消費者行動の心理学　北大路書房

産業・組織心理学会（企画）小野　公一（編）（2019）．産業・組織心理学講座第2巻　人を活かす心理学　北大路書房

総務省（2018）．労働力調査

Taylor, F. W. (1911). *The principles of scientific management.* New York & London: Harper & Brothers Publishers.
　（テイラー，F. W.　有賀　裕子（訳）（2009）．新訳　科学的管理法――マネ

ジメントの原点——　ダイヤモンド社)

第Ⅰ部

産業・組織を理解する

第 1 章　組織とは
——組織の運営・管理と組織-個人の心理学的アセスメント

加 藤 容 子

みなさんは何らかの組織に所属しているだろうか。その組織は何のために存在し，どのように動いているだろうか。産業・組織領域で心理的に支援する際は，「組織の中の個人」を対象とするだけでなく，「組織と個人の関係性」さらに「組織そのもの」も対象とする。本章では，組織とは何か，その成り立ちや仕組みについて考えたい。

さらに，心理職（公認心理師）として組織と個人を理解し支援するときには，どのような観点をもつことができるかについて検討したい。ここでは，一対一の心理臨床実践をベースにした産業・組織心理学の理論の活用を提案する。

1　組織とは

1-1　組織の始まりと定義

18世紀までの産業活動は人の手で行うものが中心となっていたが，その後イギリスで産業革命が起こると，蒸気機関を動力にした機械化がされるようになった。さらに19世紀後半にはアメリカとドイツで電力による大量生産が可能となった。こうした産業革命によって，ものは機械的に大量に作られるようになり，効率性や生産性が求められるようになった。大量生産を実現するには，人が集まり，役割を分担しそれを管理することが必要となる。そこで構成されたものが組織である。

では組織とはどのように定義されるのだろうか。様々な定義があるが，馬場

（1983）は先行研究を概観し，組織には 3 要素があるとまとめた。一つ目は，「明確な目的をもち，その達成に向けて活動する」ものである。二つ目は「共通目的達成のために持続性をもち共同する人々の集まり」である。そして三つ目は「目的達成のため，地位・役割の分化，権限階層などの構造をもつ」ものである。つまり，目的があり，それを達成するために人々が集まり，役割や権限が構造化されているものとまとめられる。

　そのように考えると，産業活動を行う企業に限らず，学校などの教育機関，病院などの医療機関，福祉施設などの福祉機関，さらにはコミュニティ団体やサークル団体なども，組織としてとらえられる。

1-2　組織と個人の相互作用

　組織と個人は，双方が影響しあいながらともに変化していく，相互作用ダイナミズムの関係にある（山口，2007）。組織内における個人の行動や人間関係は，大きな組織レベルの要素を作り上げ，組織レベルの戦略や制度のあり方は，個人の心理や行動に影響をおよぼす。

　また個人にとっての組織を見てみると，一人では達成できないことが組織のメンバーになることで達成できるといえる。そして組織で働くことで報酬を得られれば，生活の糧となる。また自分の能力やスキルを生かすことができれば，やりがいや自尊心を高められることにもなる。さらに組織のメンバーとしての所属感や社会的アイデンティティを得ることもできる。

　一方組織にとっての個人を見てみると，組織全体の目標を達成するために，労働者を活用することが必要となる。そのためには，個人の適性を見きわめた上で適切な仕事を与え，その成果に応じて報酬を与えることになる。さらには労働者からの要請や提案によって，組織づくりを改善していくということもある。このとき，個人は組織のために働くということになる。すなわち個人には，組織が求める役割・態度・スキルなどを身につけ，組織全体の目的のためにいかに成果を出せるかが求められる。

　この「個人のための組織」と「組織のための個人」は，相互作用しながら両

立することが理想的だが，現実ではどちらかが強調されるなどの偏りが生じる
ことがある。たとえば，組織のために個人が健康面や欲求面で無理をすれば，
身体的・精神的な不調に陥ってしまう。反対に個人の自由が認められすぎれば，
組織の目標が達成できなくなったり問題行動が起こったりする。したがって，
この相互作用をよい均衡状態で保つことが重要といえる。

2　組織の運営と管理

2-1　組織の運営

　組織がスムーズに運営されるためには，どのようなことが必要だろうか。

　まず，この組織は何のために存在しているのか，組織によって何を実現しよ
うとしているのかについて，価値観・信条・理想を掲げ，それを構成メンバー
や外部環境に周知することが重要である。こういった**理念**を共有することは，
組織としてのまとまりを保つために必須といえる。企業では社訓や企業理念，
医療機関では病院理念，教育機関では校訓や教育理念などと表現される。

　このような理念は必要だが抽象的なものであるため，これだけでは実際にど
うすればよいのかメンバーは迷うことになる。したがって，理念を実現するた
めの方向性を示すような**戦略**を設定することが必要となる。これは経営戦略や
経営方針などとよばれ，組織のミッション（社会的使命），ビジョン（将来像），
具体的な事業戦略の策定などを含むものである。その後，より具体的な行動に
落とし込んだ**行動計画**が立てられ，目標達成が実現化されていく。

　組織の構造や仕組みが組織の理念や方針を実現するために適したものである
とともに，構成メンバーも理念や戦略を理解してそれにのっとって行動するこ
とができると，組織運営は適切になされたということができるだろう。

2-2　ダイバーシティ・マネジメント

　現代の経済情勢は，国際化・情報化・高度化・技術化している。また組織は
これまでにない新奇的な価値を創造することが望まれている。加えて，個人の

人権や尊厳を守るという社会的な動きも高まってきている。さらにはわが国では今後，労働力人口が減少していく状況である。

　これらの問題に対応するため，**ダイバーシティ・マネジメント**が注目されている。これは，組織における多様な人材を，適材適所で活用することである（尾崎，2017）。組織における多様な人材とは，国籍，民族，年齢，性別，性的指向，障害にとどまらず，家族，教育，勤務形態，身体的能力，価値観，性格などを含む。

2-3　人的資源管理

　組織が運営されるために必要な資源は，一般にヒト・カネ・モノ・情報といわれる。このうちヒトの管理について，その概要と変遷について見てみる。

　労働者の管理は，古典的には**人事労務管理**（personal management）とよばれていたが，現在では人材は価値の高い資源であるという考えにのっとり，**人的資源管理**（human resource management：HRM）とよばれている。人的資源管理の主な内容は次のとおりである（奥林，2010）。

　①雇用管理：労働者の募集・採用から退職への対応までも含めた一連の活動である。

　②キャリア開発：労働者の能力を開発し，職務遂行能力を高めるための一連の活動である。従来は教育訓練とよばれていた。

　③人事考課：それぞれの職務において，労働者が職務遂行能力をどの程度発揮し，組織の課題達成にどの程度貢献したかを評価する一連の管理活動である。

　④報酬管理：労働者の作業結果に対してどのような対価を支払うかを制度的に決めた一連の活動である。

　⑤福利厚生制度：通常の賃金制度以外で，労働者の生活を実質的に向上させることを目指した会社のサービス活動である。社会保険，雇用保険などの法定福利厚生と，住居手当，通勤手当などの法定外福利厚生がある。

　⑥労使関係：労働組合と会社の団体交渉制度や，労働者の代表と会社が話し合う労働協議制度などにともなう一連の活動である。

　このうち①雇用管理と③人事考課，④報酬管理について，追記したい。

　雇用管理のうち**採用・人材配置**を行う際，組織は中・長期的な方針のもと，近年の社会情勢を考慮しながら，計画を立てる。その後，その計画にしたがって募集・採用活動が行われ，また人事配置がなされる。

　そこでは個人の**適性**が考慮されるが，ここで欧米と日本には違いがあるとされている（竹内，2014）。欧米では特定の職務を遂行するために必要な適性をもっている人材を採用する**個人―職務適合**（Person-Job Fit）が重視される。一方，日本ではそもそも職務がそれほど明確に分けられている場合は少なく，採用した人材には多様な職務を経験させながら育成していくことが目指される。これは**個人―組織適合**（Person-Organization Fit）とよばれ，この考え方のもとでの採用活動では，個人と組織の価値観や態度が合うこと，また個人が組織の有力な人材となる潜在的な能力をもっていることが重視される。

　次に**人事考課**（人事評価）について見てみる（三輪，2010）。これは，働く人がどの程度仕事に成果をあげているのか，仕事への取り組みはどうかを組織が評価することである。**成績**（目標の達成度や業績），**情意**（意欲や態度），**能力**（知識やスキル，判断力や実行力）の 3 側面からの評価がなされる。一般的には，成績考課と情意考課は賞与を決定するために使われ，能力考課は昇級や昇格などのために使われることが多い。労働者の賃金やモティベーションに関連することから，適切な評価方法を検討し，実行することが重要となっている。

　近年の成果主義的な人事考課の特徴としては，一つ目に成績考課が中心となったこと，二つ目に能力考課の内容がより具体化したことがあげられる（三輪，2010）。前者については，**目標管理制度**によって労働者があらかじめ定めた目標を基準として仕事を進めた上で，その目標の達成度を評価するという方法がとられることがある（第 4 章参照）。また後者については，新たな能力の概念として**コンピテンシー**（効果的な業績をもたらす個人の特性・態度・モティベーション・知識・スキルなど）を設定し，それらが達成されているかを評価する方法がとられている。

3　組織-個人の心理学的アセスメント

3-1　組織-個人の心理学的アセスメントのポイント

　組織と個人を支援するために心理学的にアセスメントするときのポイントは，現時点では整理されていない。そこでここでは一つの案として，一対一の心理学的支援における個人のアセスメントのポイントを援用した，①クライエント，②発達歴（個人では生育歴），③組織構造と構成メンバー（個人では家族構成と家族関係），④組織の特性（個人ではパーソナリティや防衛機制），⑤外部環境での反応という理解のポイントを提示したい（図 1-1）。

①クライエント

　組織やそこに所属する個人を支援する際の**クライエント**について，シャイン（Schein, E. H.）は次の六つの基本的タイプをあげている（Schein, 1999a 稲葉・尾川訳 2002）。

　(1)コンタクト・クライエント：要請や懸案や問題をもって最初にコンサルタントや援助者に接触（コンタクト）してくる（一人または複数の）個人である。

　(2)中間クライエント：プロジェクトが展開していくにつれて，様々な面接調査，ミーティングその他の活動に関与するようになる個人または集団である。

　(3)プライマリー・クライエント：取り組んでいる問題や課題を最終的に抱えている（一人または複数の）個人である。

　(4)自覚のないクライエント：プライマリー・クライエントに対して上位か下位か横並びの関係にあり，介入の影響を受けることになりそうだが，自分に影響が及ぶことに気づいていないメンバーである。

　(5)究極のクライエント：コミュニティ，組織全体，職業集団およびその他の集団であり，コンサルタントや援助者はそれらの集団のことを気にかけており，介入するときにその福利を考慮しなければならないと考えている対象である。

　(6)巻き込まれた「クライエントでない人たち（ノン・クライエント）」：上記のどのクライエントの定義にもあてはまらないが，援助作業を阻害したり停滞

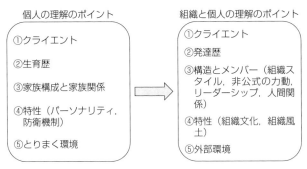

図1-1　個人の理解のポイントを援用した，組織と個人の理解の
　　　　ポイント

させたりすることを利益とする
個人や集団である。

　ここからわかるように，クラ
イエントは個人だけでなく集団
のこともある。また支援のプロ
セスの中で変化していくことも
ある。支援の中でそのつどかか
わる個人や集団について，この
6タイプを用いて名づけること

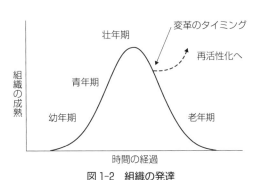

図1-2　組織の発達
（出所）山口（2006）より作成

で，支援の目的や方向性を見失うことなく遂行できることが期待される。

②組織の発達歴

　組織も人のように，社会とのかかわりの中で発達・成長していく。山口
（2006）は図1-2のように**組織の発達**を示した。組織が生まれた直後には，メ
ンバーは共通した意識ややる気をもち一丸となって取り組む。その後少しずつ
構造やルール，人間関係が整理されていき，組織全体として成熟する。しかし
そのままだとできあがった組織内のシステムにしたがうだけで，変化する外部
環境に適応できなくなる。そうするとやがて組織は衰退・消滅してしまう。組
織が生き残るためには，成熟した後に外部環境に適応するために変革して再活
性化することが重要である。とくに外部環境が激しく変化する現代においては，

新しく柔軟に変革していく必要に迫られることが多いと考えられる。

③組織の構造

公式の組織スタイル

組織の構造のうち公式の**組織スタイル**は，公表されている組織図からその特徴を読みとることができる。

多くの組織は，**ヒエラルキー型組織**とよばれる構造をもつ（図1-3）。これは，トップから一般職までの縦方向の指示系統が設定され，トップによる舵とりが組織全体を動かしていくものである。縦方向の指示系統は，職位や職階によってその責任が異なる。このように指示・命令の責任の所在や範囲を分業することを**垂直方向の分業**とよぶ。この分業により，意思決定がスムーズに行われることが目指される。

またヒエラルキー型組織は分業によって効率性を高めるために，組織全体がもつ機能や事業を分割することがある。これは**水平方向の分業**とよばれる。そのうち，企画，開発，製造，生産，営業，販売など，仕事の機能の種類ごとに分割して構造化されたものを**機能別の分業**とよび，プロジェクトや事業ごとに構造化されたものを**事業部別の分業**とよぶ。さらに，この機能別組織と事業部別組織を組み合わせた形で，**マトリックス組織**が構成されることもある（図1-4）。

またヒエラルキー型組織以外にも，階層をなくした**フラット型組織**や，メンバーがゆるやかにつながり相互作用して職務を進める**有機型組織**もある。

以上の観点から組織の構造を見ることで，その組織がどんな基準で仕事を分業しているのか，上層と下層の間の指示・応答の流れはどのようなものかなど，組織内の動きを理解することができる。

さらに広告などで公表された組織図の中には，構成メンバーに顧客を入れたり，トップを最下層にして現場を上層に位置づけたりと，組織運営の考え方をイメージとして表現したようなものもある。これらは厳密には公式の組織構造とはいえないが，そこに組織の価値観や理念を読みとることができる。

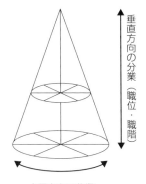

垂直方向の分業（職位・職階）

水平方向の分業
（機能別，事業部別）

図1-3 ヒエラルキー型の組織
（出所）Schein（1978 二村・三善訳 1991）より作成

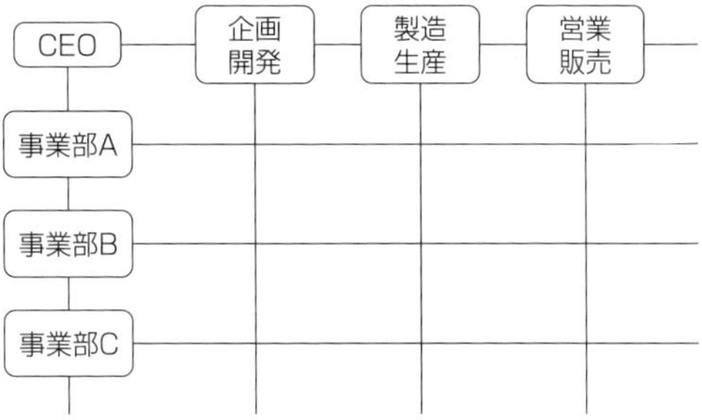

CEO	企画開発	製造生産	営業販売
事業部A			
事業部B			
事業部C			

図1-4 マトリックス組織の例

非公式の力動

　組織の構造は公式のスタイルによってのみ説明できるものではなく，組織内で起こる非公式の力動も見て理解することが必要となる。

　組織の力動を理解する視点として，**BART システム**がある。これはビオン（Bion, W.）の集団療法での知見をベースとした，イギリスのタヴィストック人間関係研究所でのグループ・リレーションズ・カンファレンスによる知見の一部である（Green & Molenkamp, 2005）。BART とは，組織の力動を理解する観点としての Boundary，Authority，Role，Task の四つの頭文字を示している。

　(1) Boundary（境界）：組織や集団を抱える容器であり，場所・時間・資源・職務・役割・責任などの領域を分割するものである。たとえば，ある仕事はどの場所でいつからいつまで行われるのか，そこで担う責任はどこまでなのかなどについて，境界は曖昧なのか明確なのか，強固なのか柔軟なのか，明示的なのか暗黙的なのかといった特徴が検討される。

　(2) Authority（権限・権威）：ある仕事を遂行するために個人に与えられた力である。職務や役割と矛盾しない権限・権威が与えられているかが重要である。

　(3) Role（役割）：職務を達成するために分割された仕事が，個人に割りあて

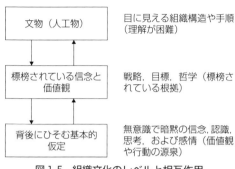

文物（人工物）　目に見える組織構造や手順（理解が困難）

標榜されている信念と価値観　戦略，目標，哲学（標榜されている根拠）

背後にひそむ基本的仮定　無意識で暗黙の信念，認識，思考，および感情（価値観や行動の源泉）

図1-5　組織文化のレベルと相互作用
（出所）Schein（1985, 2010）より作成

られたものである。公式の役割のほかに，集団の中でひきうけやすい非公式の役割がある。後者には世話役，調整役，聞き役，批判役，道化役などがあり，人がはじめに体験する組織すなわち家族における役割が反映されることが多い。

（4）Task（タスク・課題）：組織や集団が目指す到達目標であり課題である。組織や集団の力動や機能の中心に位置づけられるものであり，この Task を北極星のようにして，他の Boundary，Authority，Role が設定され動いていく。

上記の四つの概念は，とくに組織・集団が困難に陥っているときに，その問題のありかを探り分析する観点として有用になると考えられる。

④組織の特性

次に個人の特性に相当するものとして，組織の特性をしめす概念を紹介する。

一つ目は**組織文化**である。これは，組織の基本ミッションと関連して組織メンバーに共有された，価値観や信念，行動規範のことである。組織文化についてシャイン（Schein, 1999b 金井監訳 2004；Schein, 2010 梅津・横山訳 2012）は三つのレベルを提示している（図1-5）。

レベル1は「文物（人工物）（artifact）」に関する文化であり，観察して理解することが可能な組織構造や手順である。たとえば職場のレイアウトや時間や場所の使われ方，グループでの意思決定のされ方や葛藤が生じたときの解決のされ方，個人の服装や話し方，感情の表出のされ方などである。

レベル2は「標榜されている信念と価値観（espoused belief and values）」に関する文化であり，レベル1の文物について「なぜそうされているのか」と問うた答えから導かれる。具体的には，理念やビジョン，戦略や哲学，価値観や信念があてはまる。これらは合理的で意識されたものといえる。

レベル 1 とレベル 2 をつきあわせる中で，不一致で矛盾した点が出てくることがある。このとき，より深いレベルの暗黙の思考や認識が影響していると考えられる。これがレベル 3 の「背後にひそむ基本的仮定（assumption）」である。文化の本質はこのレベルのものであり，レベル 3 の文化を意識して明確化することで，問題の本質を見ることができる。

たとえば，「自由な意見を言い合おう」と標榜されているのに（レベル 2），実際に新しい意見が出されると様々な理由で却下されてしまう場合（レベル 1），その背景を探ると，じつはその組織は歴史的に，規律にのっとって行動することが重んじられる特徴がある（レベル 3）と見出されることがある。

組織文化と似た概念に組織風土がある。**組織風土**とは，メンバーが組織の中にいて直接的にあるいは間接的に認知するものであり，モティベーションや行動に影響をおよぼすものと考えられている。

福間（2006）は組織風土と組織文化の先行研究を概観し，組織風土は組織の表層的な特徴であり変化しやすい一方で，組織文化は組織の深層的な特徴であり長い期間をかけて形成されるためその変化にも時間を要するとまとめた。また組織風土は組織文化の一部であり同時に存在するものでもあるとしている。

⑤外部環境

組織は外部環境との相互作用の中で存在する有機体である。この観点から，組織は**オープン・システム**であるといえる（Katz & Kahn, 1966；馬場，2017）。

組織は外部環境，すなわち市場，社会的な価値観，法律・制度，ステークホルダー（顧客，株主など）のニーズ，さらに資源（人材，エネルギーなど）を受けとる（インプット）。それらのインプットにもとづいて，組織システムを維持しつつ目的が達成されるように組織内での生産活動がなされる（スループット）。そこで生産された製品やサービスは，社会に提出される（アウトプット）。そしてアウ

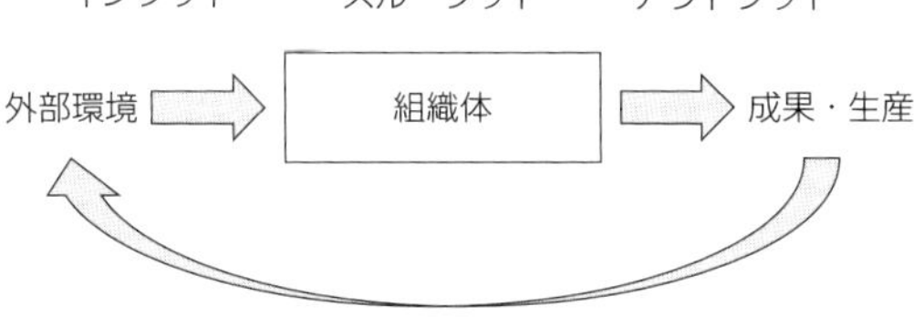

図1-6　オープン・システム
（出所）Katz & Kahn（1966），馬場（2017）より作成

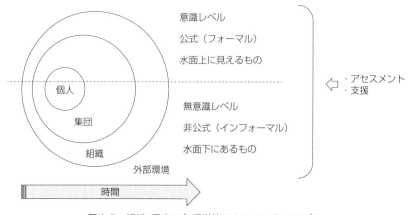

図 1-7　組織–個人の心理学的アセスメントのモデル
（出所）加藤（2016）より作成

トプットされたものは社会に受け入れられたり，問題が指摘されたり，想定以上の活用がされたりする。それらの反応は新たなインプットの要素となり，次のプロセス・サイクルにつながっていく（図1-6）。

　このように組織は外部環境との相互作用の中で動いているため，そのあり方について検討することが重要となる。たとえば企業では，産業関連の法律・制度の変更や消費者の動向によって組織内の活動が変化し，組織の成果にも影響がおよぼされる。

3-2　組織–個人の心理学的アセスメントと支援のモデル

　これまで見てきた組織–個人の心理学的アセスメントと支援について，モデルを図1-7に示す（加藤，2016）。外部環境との相互作用の中で存在する組織，その組織と相互作用している個人という多層性と関係性をとらえることができるだろう。またこの組織と個人は，時間の経過により変化する。さらに組織と個人を理解するときには，目に見える公式な面やハード面と，目に見えないあるいは見えにくい非公式な面やソフト面の両面を視野に入れることが必要だと考えられる。

❖考えてみよう

　あなたが所属している組織を一つ思い浮かべ，公式の組織スタイルと非公式の組織力動を描き，その異同について考察しよう（非公式の組織力動の描き方：①組織に所属している自分と周りの人を思いうかべる，②人物を絵や記号などで表現する，③人物同士を矢印や線でつなげたり丸で囲ったりして，関係のあり方を表現する）。

もっと深く，広く学びたい人への文献紹介

鈴木　孝博（2018）．由佳の成長，それは奇跡の出会いからはじまった　リーブル出版
　☞書店で働く由佳の成長ストーリーを通じて，組織論を描いた小説である。リアリティを感じながら，組織と働くことについて考えられる。

Obholzer, A., & Roberts, V. Z. (Eds.) (2006). *The unconscious at work: Individual and organizational stress in the human services.* London: Routledge.
　（オブホルツァー，A・ロバーツ，V. Z.　武井　麻子（監訳）（2014）．組織のストレスとコンサルテーション――対人援助サービスと職場の無意識――金剛出版）
　☞組織コンサルテーションの事例について，力動的関係や無意識的作用の観点から分析したものである。組織の複雑性について実践的に考えることができる。

引用文献

馬場　昌雄（1983）．組織行動　第2版　白桃書房
馬場　昌雄（2017）．産業・組織心理学　馬場　昌雄・馬場　房子・岡村　一成（監）小野　公一・関口　和代（編）産業・組織心理学　改訂版（pp. 1-20）　白桃書房
福間　隆康（2006）．組織風土研究の発展の歴史――組織風土と組織文化の比較――　広島大学マネジメント研究，*6*，1-19.
Green, Z., & Molenkamp, R. (2005). The BART system of group and organizational analysis: Boundary, authority, role and task. https://www.it.uu.se/edu/course/homepage/projektDV/ht09/BART_Green_Molenkamp.pdf（December 30, 2019.）
加藤　容子（2016）．産業・組織の心理学　金井　篤子（編）産業心理臨床実践（pp. 55-72）　ナカニシヤ出版
Katz, D., & Kahn, R. L. (1966). *The social psychology of organizations.* New York:

　　Wiley.

三輪 卓己（2010）．人事考課制度　奥林 康司・上林 憲雄・平野 光俊（編著）
　　入門人的資源管理　第2版（pp. 111-129）　中央経済社

奥林 康司（2010）．企業経営と人的資源管理　奥林 康司・上林 憲雄・平野 光
　　俊（編著）入門人的資源管理　第2版（pp. 2-15）　中央経済社

尾崎 俊哉（2017）．ダイバーシティマネジメント入門　ナカニシヤ出版

Schein, E. H.（1978）．*Career dynamics: Matching individual and organizational
　　needs.* Boston, MA: Addison-Wesley.
　　（シャイン，E. H.　二村 敏子・三善 勝代（訳）（1991）．キャリア・ダイナ
　　ミックス——キャリアとは，生涯を通しての人間の生き方・表現である——
　　白桃書房）

Schein, E. H.（1985）．*Organizational culture and leadership.* San Francisco, CA:
　　Jossey-Bass.

Schein, E. H.（1999a）．*Process consultation revisited: Building the helping relation-
　　ship.* Boston, MA: Addison-Wesley.
　　（シャイン，E. H.　稲葉 元吉・尾川 丈一（訳）（2002）．プロセス・コンサ
　　ルテーション——援助関係を築くこと——　白桃書房）

Schein, E. H.（1999b）．*The corporate culture survival guide.* San Francisco, CA:
　　Jossey-Bass.
　　（シャイン，E. H.　金井 壽宏（監訳）（2004）．企業文化——生き残りの指
　　針——　白桃書房）

Schein, E. H.（2010）．*Organizational culture and leadership*（4th ed.）．Hoboken,
　　NJ: John Wiley & Sons.
　　（シャイン，E. H.　梅津 祐良・横山 哲夫（訳）（2012）．組織文化とリーダ
　　ーシップ　白桃書房）

竹内 倫和（2014）．採用と就職　伊波 和恵・髙石 光一・竹内 倫和（編）マネ
　　ジメントの心理学（pp. 19-38）　ミネルヴァ書房

山口 裕幸（2006）．組織の変革と管理者のリーダーシップ　山口 裕幸・髙橋
　　潔・芳賀 繁・竹村 和久　経営とワークライフに生かそう！産業・組織心理
　　学（pp. 111-133）　有斐閣アルマ

山口 裕幸（2007）．組織と個人の関係　山口 裕幸・金井 篤子（編）よくわかる
　　産業・組織心理学（pp. 14-15）　ミネルヴァ書房

第 2 章　組織における労働契約・法規
——産業・労働分野の基本となる 法とは

西 脇 明 典

> 　産業・労働分野に関する法律や制度，国等の施策は様々である。公認心理師は，法の枠組みの中で活動をしなければならず，心理に関し支援を要する者（要支援者）のことを考え活動しても，もし法律や制度，施策に反することをすれば要支援者の不利益となり，自身が問題視され，責任を追及されることにもなりかねない。このため，法律や制度，施策を知ることはとても大切なことである。実際の場面でも，事業場などで人事・法律を扱う部署や産業医等と接するため，共通の土俵となるルールやスタンダードを把握することが重要である。またこの分野の法律や施策は改正されることが多く，一旦身につけたとしても，実際に対処する際には最新の内容を確認することを忘れてはならない。

1　労働契約とコンプライアンス

1-1　労働契約とは

　契約とは相手方との約束（合意）である。組織，法人，会社（以下，会社等）で働く人は，使用者である会社等と**労働契約**を結んでいる。労働契約があると，使用者は働く人（労働者）に仕事をするよう命ずること（指揮命令）ができ，労働者は使用者に給料の支払いを求めることができる。

1-2　コンプライアンス

　コンプライアンスとは，法令（一般に，法律と命令（政令・省令）を合わせ法

令という。このほか，憲法，条例などを含め法令ということもある）を守ることをいう。公認心理師の活動は，法令の枠組みのあるところで行われ，法令が定めるルール，スタンダードの中で成り立っている。

　会社等の経営者，労働者は，すべて，コンプライアンス（法令遵守）の意識をいつももたなければならず，公認心理師もその例外ではない。

2　産業・労働分野における安全衛生管理の制度と専門職

2-1　産業・労働分野における制度

　産業・労働分野の労働安全衛生管理に関する制度は，法令，とくに労働安全衛生法により定められている。事業場における安全衛生管理体制の整備・充実は，労働安全衛生法における重要な課題である。

　会社等の事業場においては，**安全衛生管理組織**と**調査審議機関（安全・衛生**

表2-1　安全衛生管理体制

【一般】 　①総括安全衛生管理者 　　（屋外産業100人以上　製造業等工業300人以上　その他1000人以上） 　②安全管理者　（屋外産業または工業　50人以上） 　③衛生管理者　（全業種　50人以上） 　④安全衛生推進者　（10人以上50人未満） 　　※②の業種では安全衛生推進者，それ以外の業種では衛生推進者という。 　⑤産業医（全業種　50人以上） 　⑥作業主任者（危険有害作業区分ごと） 　⑦安全委員会 　　（屋外産業，製造業の一部（化学・鉄鋼など），運送業の一部（道路貨物運送業など）など50人以上　その他の製造業など100人以上） 　⑧衛生委員会（全業種　50人以上） 　　※⑦と⑧の双方要するときには，安全衛生委員会とすることができる。 【一つの事業場（例　建築現場）で，複数の下請け事業者が混在する場合】 　①統括安全衛生責任者 　　（建築土木工事など　50人以上　ずい道（トンネル）建設・一定の橋梁建設・圧気工法作業30人以上） 　②元方安全衛生管理者（①を選任した建設業のみ） 　③店社安全衛生管理者（一定の建設業のみ　①および②の選任義務がない事業場ごと）

（注）括弧の中の数字は選任を要する常時使用する労働者数。

委員会）により，労働安全衛生について体制を整備し，それぞれ資格，選任（人数・専属の要否など），職務等が決められている。選任の要否は，業種や労働者の人数による規模により異なっている（表2-1）。

また組織単位でみると，法制度のほかに実際の場面では，本社・支所のラインスタッフ（人事労務担当者など）や安全衛生部署の専門スタッフ（産業保健スタッフなど）がおり，これらの者が関与することも多い。

組織においては，トップを頂点とする管理者がもつ人事権や業務命令を通じて，組織全体に安全衛生の考えが行き渡るよう，有機的な組織をつくり，活動することが望まれている。

2-2　専門職

労働基準監督官（労働基準法第97条　労働安全衛生法第90条）

労働基準法，労働安全衛生法とその関係法令による規制を実効あるものにするためには，専門の行政機関による監督が必要とされる。その行政監督機関として，厚生労働省のもとで各都道府県に労働局と**労働基準監督署**を設置し，そこには**労働基準監督官**が置かれている。

労働基準監督署は，労働基準法等の法規制を守らせるよう，違反の発見，是正することを目的とした行政監督機関である。そこにいる労働基準監督官は専門職の行政官であり，立入り・書類等の提出要求・尋問の権限があるほか，法違反の罪には警察職員の職務も担っており，産業・労働分野では重要な役割を果たしている。

産業安全専門官・労働衛生専門官（労働安全衛生法第93条）

産業安全専門官は，労働安全衛生法により労働基準監督署等に置かれた専門的な行政官であり，安全に係る事務をつかさどり，事業者，労働者らに危険防止に必要な事項について指導および援助を行う。

公認心理師がとくに関係する**労働衛生専門官**は，労働安全衛生法により労働基準監督署等に置かれた専門的な行政官であり，衛生に係る事務をつかさどり，事業者，労働者らに健康障害を防止するために必要な事項や労働者の健康の保

持増進を図るために必要な事項について指導および援助を行う。

産業医（労働安全衛生法第13条）

　産業医は産業・労働分野で，医師という医学の専門的な立場から労働者の健康管理などに関し，意見具申，勧告，指導，助言等をするものである。労働安全衛生法制定により，専門医学的立場で労働衛生を行うものとして，法律により定められた制度である。産業医は衛生委員会の構成員でもあり，広く労働者の健康管理に資する活躍が期待されている。

　事業者は，常時50人以上の労働者を使用する事業場において，健康管理等の職務を行わせるために，産業医を選任しなければならない（常時3,000人以上では2人以上）。また常時1,000人以上（一定の危険有害業務では常時500人以上）の場合には，専属の産業医を選任しなければならない。なお50人未満の小規模事業場では，労働者の健康管理等を産業医の要件を備える医師または保健師らに行わせるように努めなければならない。

　産業医の職務は，健康診断や面接指導の実施とその結果にもとづく措置，健康教育等，労働者の健康障害の原因の調査・再発防止措置等で医学に関する専門的知識を要するものとされていたが，2005年改正により，週単位の時間外労働が1か月100時間を超え疲労の蓄積が認められる本人の申出による労働者への面接指導，その結果による健康保持に必要な措置の意見具申が，2014年改正により，ストレスチェックの実施，希望する労働者への面接指導，その結果による労働者の健康保持に必要な措置の意見具申が加えられた。さらに，2018年改正（働き方改革関連法（働き方改革を推進するための関係法律の整備に関する法律）による改正。以下，2018年改正）により，権限が具体化されたほか，面接指導を要する週単位の時間外労働が1か月100時間から80時間と短縮された（研究開発業務従事者には100時間を超えると本人の申出なく面接指導が必要。なお高度プロフェッショナル制度対象者は健康管理時間により算定）。また同改正において，産業医への情報提供の充実が図られ，事業者は，産業医に，長時間労働者の情報（超過時間を含む），業務に関する情報で健康管理を適切に行うために必要とするものを提供しなければならない。

　産業医は，労働者の健康を確保するために必要があるときは事業者に勧告でき，事業者は受けた勧告を尊重しなければならない。また，総括安全衛生管理者に勧告，衛生管理者に指導・助言できる。2018年改正により，産業医から受けた勧告を事業者は衛生委員会等に報告しなければならず，産業医は衛生委員会等に必要な調査審議を求めることができることとされた。

3　産業・労働分野における法律

3-1　労働基準法

　人や組織はそれぞれ意思のある独立した存在であり，約束は，自由な意思により定められる（契約自由の原則）。しかし，使用者が社会的に労働者より強い立場にあることから，労働条件を決めるとき，交渉力の格差から使用者の有利に定められてしまうことになりがちである。労働者を保護するため，労働条件の最低基準を定めた法律が，**労働基準法**（1947年制定。以下，労基法）である。

　労基法第1条において，「労働条件は，労働者が人たるに値する生活を営むための必要を充たすべきものでなければならない」として，労働者に人として価値のある生活をすることのできる労働条件を保障することを宣言している。労基法における労働条件は最低基準であり，これに反する労働条件は無効であり，無効とされた部分は労基法が定める基準となる。また労基法に違反した場合，その多くに**刑事罰**が定められている。

労働時間と休日

　労基法が規制する労働時間は，労働者が使用者から指揮命令を受け拘束されている時間から，休憩時間を除いた，現に労働する時間である。

　1日および1週間の最長労働時間の設定を「**法定労働時間**」といい，法定労働時間の原則は，1日8時間，1週40時間である。法で定める場合を除き，この法定労働時間を超えて労働させることはできない。**法定休日**（就業規則などで定められた休日を意味する所定休日とは異なることに注意）は，1週に少なくとも1回もしくは4週を通じ4日以上である。

　時間外労働・休日労働についていえば，原則，法定労働時間を超えて時間外労働をさせたり，法定休日に休日労働させたりすることはできない。例外的に，時間外労働・休日労働をさせることができる主な場合として，労使協定（いわゆる**３６協定**）によるものがある。すなわち，使用者は，事業場において労使協定を結び，それを行政官庁（所轄労働基準監督署）に届け出た場合，その協定に定めるところにより労働時間を延長し，休日に労働させることができる。

　2018年改正により，法律（それまでは告示）による**時間外労働の上限規制**が定められた。上限の内容は，月45時間，年360時間（休日労働を含まない）を原則とし，例外的に，臨時的な特別の事情がある場合においても，年720時間（休日労働を含まない），１月45時間を超えることのできるのは年間６回まで，複数月（２〜６か月）平均80時間以内（休日労働を含む），単月100時間未満（休日労働を含む）が限度とされた。この上限規制について，研究開発業務従事者は適用除外とされ，建設業など一定の場合に適用猶予がある（このほか高度プロフェッショナル制度がある）。

　また，月45時間，年360時間を超えて働く労働者に対する，**健康福祉確保措置**（たとえば，医師の面接指導，心とからだの相談窓口の設置，産業医等による助言・指導や保健指導の実施など）が，36協定に記載されている。

年次有給休暇

　年次有給休暇は，労働者に，毎年一定の日数を有給で休暇として与えるものである。労働者に休養をとってもらって活力を復活させ，労働者の健康で文化的な生活の実現を目指すものである。

　付与は，６か月続けて勤務し，全労働日の８割以上働いていることを要件としている。一般に取得率が高くないことから，2018年改正により，使用者は10日以上の年次有給休暇が付与される労働者に意見を聴き，５日を毎年時季指定して与えなければならないこととされた。

就業規則

　労働時間，休日，休暇，休職制度，賃金，退職・解雇など，雇用関係における基本的な事項を定めたものが**就業規則**である。常時10人以上の労働者がいる

使用者には作成義務があり，周知されなければならない。

3-2　労働安全衛生法

　産業・労働分野の安全衛生に関して，かつて労基法に「安全及び衛生」として規定が置かれていたが，激増，問題化する労働災害などに対応させ，労基法の基準を発展し規制を充実させるため，1972年に制定されたのが，**労働安全衛生法**（以下，安衛法）である。

　この法律の主な目的は，**①職場における労働者の安全と健康を確保**すること，**②快適な職場環境の形成を促進**することである。安衛法は，労基法と相まって，労働災害の防止のための危害防止基準の確立，責任体制の明確化および自主的活動の促進の措置を講ずるなど，その防止に関する総合的計画的な対策を講ずることにより，その目的達成を目指している。

　厚生労働省が発出する健康に関する**指針**は，安衛法にもとづくものであり，産業保健実務において，重要な位置を占めている。

　近年の雇用環境の変化の中，人事管理や職場の人間関係により労働者のストレスが増している状況下で，メンタルヘルス不調に陥る労働者が増加したことをうけ，2014年改正により，「**心理的な負担の程度を把握するための検査**（いわゆる**ストレスチェック制度**）」を実施することとされた。この制度の主な目的は，メンタルヘルス不調の未然防止にある。研修を修了した公認心理師も実施者となれる。また，「**事業場における労働者の健康の保持増進のための指針**」のほか，積極的に事業場における心の健康の保持増進を図ることが重要となっていることから，2006年に「**労働者の心の健康の保持増進のための指針**（メンタルヘルス指針）」が策定され，事業者がメンタルヘルスケアの実施に積極的に取り組むことが期待されている。

　2018年改正により，健康管理の面から，事業者に労働時間の状況把握義務を課した。また健康情報の面で，労働者の心身の状態の情報につき取扱規定を新設し，「**労働者の心身の状態に関する情報の適正な取扱のために事業者が講ずべき措置に関する指針**」が発出された。

3-3　労働契約法

　労働契約法は，労働契約の包括的な規定として，2007年に成立した法律である。この法律は，労働者と使用者の自主的な交渉の下で，労働契約が合意により成立・変更されるという合意の原則，その他労働契約に関する基本的な事項を定めることにより，合理的な労働条件の決定または変更が円滑に行われることを通じて，労働者の保護を図りつつ，個別の労働関係の安定に資することを目的としている。

　具体的には，労働契約の基本原則として，労使対等による合意，均衡処遇，仕事と生活の調和への配慮（ワーク・ライフ・バランス），信義誠実，権利濫用の禁止があること（第3条），規範として，労働契約は書面がなくても当事者の合意によって成立すること（第6条）や労働関係の展開や終了について定めをおく。

　また，「使用者は，労働契約に伴い，労働者がその生命，身体等の安全を確保しつつ労働することができるよう，必要な配慮をするものとする」（第5条）と規定し，いわゆる**安全配慮義務**について定めている。生命，身体「等」の安全には心身の健康が含まれる（平成24年8月10日基発0810第2号）。

3-4　障害者雇用促進法

　「障害者の雇用の促進等に関する法律（**障害者雇用促進法**）」（同名は1987年改定）は，障害者の職業安定を図ることを目的とし，障害者の雇用義務等にもとづく雇用促進等のための措置のほか，雇用の分野における障害者と障害者でない者との均等な機会および待遇の確保，ならびに障害者がその有する能力を有効に発揮することができるようにするための措置や，職業リハビリテーションの措置，その他障害者がその能力に適合する職業に就くこと等を通じて，その職業生活において自立することを促進するための措置を総合的に講ずることを定めるものである。

　この法律において，労働者の一定割合（一般に，「**法定雇用率**」という。民間企業では2021年3月1日以降2.3%）まで事業主に雇用を義務づけている。また，

事業主に，雇用における差別的な取扱の禁止，障害特性に応じた**合理的配慮措置の提供**義務（合理的配慮指針）を課している。

3-5　男女雇用機会均等法

「雇用の分野における男女の均等な機会及び待遇の確保等に関する法律（**男女雇用機会均等法**）」（勤労福祉婦人法は1972年に制定。1985年に男女雇用機会均等法に改正）は，雇用分野における男女の均等な機会および待遇を図るとともに，女性労働者の就業に関して妊娠中および出産後の健康の確保を図る等の措置を推進することを目的としている。当初は，女性労働者の保護を目的とするものであったが，改正を経て現在では，男女を問わない性差別を禁止する法となっている。

法の内容は，募集，採用，配置，昇進，退職など広い雇用ステージにおける性別を理由とした差別的取扱の禁止，婚姻・妊娠・出産等を理由とする不利益取扱の禁止などである。また**性的言動に起因する問題**（セクシュアルハラスメント）について，1997年に事業主の配慮義務を規定したものを2006年に措置義務に強化した。さらに，2017年から，職場における**妊娠・出産等に関する言動による問題**（マタニティハラスメント）についても，事業主に，雇用管理上の措置を義務づけた。

3-6　労働者派遣法

労働者がある企業（派遣元事業主）と労働関係に立ちながら，その企業と派遣契約を結ぶ企業（派遣先）の指揮命令を受け（派遣先との労働関係はない），その企業のために労働することを**労働者派遣**という。

「労働者派遣事業の適止な運営の確保及び派遣労働者の保護等に関する法律（**労働者派遣法**）」（1985年制定）は，職業安定法と相まって，労働力の需給の適正な調整を図るため，①労働者派遣事業の適正な運営の確保に関する措置を講ずるとともに，②派遣労働者の保護等を図り，もって派遣労働者の雇用の安定その他福祉の増進に資することを目的とするものである。

　2015年改正において，いわゆる登録型と常用型との区別を廃止し，派遣期間制限の見直しを行ったほか，派遣元事業主に，派遣労働者のキャリア形成を図るため計画的教育訓練や希望者へのキャリアコンサルティングを義務づけ，派遣終了後の雇用安定措置を整備した。2018年改正により，派遣労働者の待遇について，派遣先の労働者との不合理な待遇の相違と差別的取扱いが原則禁止されるなど，格差是正を図る定めが設けられた。

3-7　労働者災害補償保険法

　この法律（1947年制定）は，①業務上の事由（**業務災害**）または通勤（**通勤災害**）による労働者の負傷，疾病，障害，死亡等に対して迅速かつ公正な保護を図るため，必要な保険給付を行い，②あわせて，その労働者の社会復帰の促進，労働者と遺族の援護，労働者の安全および衛生の確保等を図り，もって労働者の福祉の増進に寄与することを目的としている。

　労災補償制度は，社会保障制度の一環として政府が制度を運営し，使用者（強制適用事業主）は義務として加入し保険料を納め，労働災害にあった労働者が保険により補償を受けるものとなっている。労働災害が生じたときに「使用者が労働者に補償する」と労基法が定めているが，一定規模・業種に強制適用させ，労基法上の労災補償責任を塡補することを主な目的として労災保険制度を規定しているのが，この法律である。

　「**業務上の疾病**」は，労基法施行規則に列挙され，その中に過重負荷による脳・心臓疾患のほか，「人の生命にかかわる事故への遭遇その他心理的に過度の負担を与える事象を伴う業務による精神及び行動の障害又はこれに付随する疾病（**精神障害**）」がある。その認定は「**心理的負荷による精神障害の認定基準**」（平成23年12月26日基発1226第１号。最終改正令和２年５月29日）による。この基準は実務上重要な意味を有している。

　昨今，長時間労働やハラスメント事案において，過労死，うつ病など精神疾患の発症による労災申請事案が増え，社会問題となっている。

3-8　育児・介護休業法

「育児休業，介護休業等育児又は家族介護を行う労働者の福祉に関する法律（育児・介護休業法　育児休業法は1991年制定。1995年に育児・介護休業法に改正）」は，子の養育または家族の介護を行う労働者の雇用の継続および再就職の促進を図り，これらの者の職業生活と家庭生活との両立に寄与することを目的とする法律である。この目的を実現するために，①育児休業および介護休業や休暇に関する「制度」を設けること，②子の養育および家族の介護を「容易にするため所定労働時間等に関し事業主が講ずべき措置」を定めること，③「支援措置」を講ずること等を定めている。法制定後，数次の改正により制度の新設・拡充などが行われた。また2017年から，職場における育児・介護等に関する言動により，就業環境が害されることがないよう，事業主に雇用管理上の措置を義務づけた。さらに2021年，男性の育児休業取得を促進するための制度が制定された（2022年4月以降に段階的施行）。

3-9　パート（有期雇用）労働法

「短時間労働者の雇用管理の改善等に関する法律（パート労働法）」は，少子高齢化の進展，就業構造の変化などの社会経済情勢の変化により，短時間労働者の役割の重要性が増したことからできた法律（1993年制定）である。

短時間労働者について，通常の労働者との均衡のとれた待遇の確保等を図ることを通じて，短時間労働者が能力を有効に発揮できるようにすることを目的としている。この目的の実現のために，適正な労働条件の確保，雇用管理の改善，通常の労働者への転換の推進，職業能力の開発および向上に関する措置等を講ずることを定めている。

「**短時間労働者**」とは，一週間の所定労働時間が同一の事業所に雇用される通常の労働者の所定労働時間に比し短い労働者をいう。なお，「通常の労働者」は業務種類ごとに判断され，たとえば正規型労働者がいる場合その労働者をいう。

2014年改正で，短時間労働者と通常の労働者の間の労働条件の相違に関する

原則規定，雇い入れ時における待遇の措置内容の説明義務規定がおかれた。

　さらに2018年改正により，この法律は有期雇用労働者も対象に含められ，名称も「**短時間労働者及び有期雇用労働者の雇用管理の改善等に関する法律**」と改められた。主な改正点は，短時間労働者と有期雇用労働者の個々の待遇について，同じ事業主にいる正規型労働者との不合理な相違の禁止，有期雇用労働者の均等待遇，説明義務の創設・拡充などである。この正規型労働者との待遇の相違に関しては多くの裁判例がでているが，今後もその集積が待たれている。

3-10　高齢者雇用安定法

　「高年齢者等の雇用の安定等に関する法律（高齢者雇用安定法）」（1971年制定）は，高年齢者等の職業の安定その他福祉の増進を図ることを目的とする法律である。この目的を実現するために，定年の引上げ，継続雇用制度の導入等による高年齢者の安定した雇用の確保の促進，再就職の促進，定年退職者その他の高年齢退職者への就業機会の確保等の措置を総合的に講ずることを定める。

　本法により，**定年の定めは60歳を下回ること**が原則禁止され，公的年金支給年齢の引上げに連関して，事業主は，**65歳までの高齢者雇用確保措置**(定年の引上げ,継続雇用制度,定年制廃止のいずれか)を講じなければならない。なお2021年4月から，70歳までの高齢者就業確保措置を講じることが努力義務とされている。

3-11　個人情報保護法

　「個人情報の保護に関する法律（個人情報保護法）」（2003年制定）は，高度情報通信社会の進展に伴い個人情報の利用が著しく拡大していることから，個人情報の有用性（個人情報の適正かつ効果的な活用が新たな産業の創出ならびに活力ある経済社会，および豊かな国民生活の実現に資するものであることなど）に配慮しつつ，個人の権利利益を保護することを目的としている。

　個人情報の適正な取り扱いに関し，基本理念および政府による基本方針の作成その他の個人情報保護に関する施策の基本事項，国および地方公共団体の責務等，個人情報取扱業者が遵守すべき事項などについて規定する。

　2015年改正により，病歴や，一定の心身の機能障害（発達障害を含む）または医療関連職務従事者における心身の状態の改善指導等の記述等が含まれる個人情報は，「**要配慮個人情報**」として，とくに配慮を要するものと位置づけられ，原則として本人の同意なく取得することが禁止され，同意を得ない第三者への提供の特例は適用がないことが定められた。これに関連し，「**雇用管理分野における個人情報のうち健康情報を取り扱うに当たっての留意事項について**」（平成29年 5 月29日付け）が発出されている。

　公認心理師として実務を進める上で，個人情報は，取得，保管・管理，提供，処分，廃棄に細心の注意を払わなければならない。

3-12　労働施策総合推進法

　「労働施策の総合的な推進並びに労働者の雇用の安定及び職業生活の充実等に関する法律（労働施策総合推進法）」（1966年制定　旧「雇用対策法」）は，労働政策全般にわたり，必要施策を総合的に講ずることを定めている。

3-13　過労死等防止対策推進法

　この法律（2014年制定）は，近年，過労死が多発し社会問題化していることや，本人・遺族等や社会に損失を与えることからできた法律である。過労死等に関する調査研究について定めることにより，過労死等の防止対策を推進し，もって過労死等がなく，仕事と生活を調和させ，健康で充実して働き続けられる社会の実現に寄与することを目的としている。

　この法律では，**過労死等**について，「業務における過重な負荷による脳血管疾患若しくは心臓疾患を原因とする死亡若しくは業務における強い心理的負荷による精神障害を原因とする自殺による死亡又はこれらの脳血管疾患若しくは心臓疾患若しくは精神障害」と定義している。

3-14　労働時間等設定改善法

　「労働時間等の設定の改善に関する特別措置法（労働時間等設定改善法）」

（1992年制定）は，事業主等に労働時間等の設定改善の自主的な努力を促し，労働者の能力が有効に発揮できるようにし，健康で充実した生活の実現を目指したものである。2018年改正により，健康福祉を確保するために必要な**勤務間インターバル制度**導入に努めることとされた。

3-15　最近の法改正

　2018年に**働き方改革関連法**が成立したが，法律の施行時期は，法律ごとに，また大企業と中小企業により異なっている。

　また，事業場における嫌がらせ問題が社会問題化していることを受け，2019年5月改正により，「職場における労働者の就業環境を害する言動に起因する問題」，いわゆる**パワーハラスメント**（以下，パワハラ）について，労働施策総合推進法において法律上の要素を明確にし，防止対策を法制化した。ここでパワハラは，「職場において行われる優越的な関係を背景とした言動であつて，業務上必要かつ相当な範囲を超えたものによりその雇用する労働者の就業環境が害されること」とされている。

❖考えてみよう

　労働時間の規制，労働者の健康確保，非正規型労働者（パート・有期労働者，派遣労働者）の雇用における，法律の変遷から推測できる社会の動向をよみとってみよう。

もっと深く，広く学びたい人への文献紹介

　金井　篤子（編）（2016）．産業心理臨床実践　ナカニシヤ出版
　　　☞講座の1巻であり，産業領域の「心の専門家」を目指す人のための入門書である。
　浜村　彰・唐津　博・青野　覚・奥田　香子（2019）．ベーシック労働法　第7版　有斐閣
　　　☞労働法学者による，労働法全般にわたる概説書である。2018年改正（働き方改革関連法）もふまえた内容となっている。

第Ⅱ部

産業・組織における人を理解する

第3章　キャリア
——働く人々を理解・支援する
ための理論と概念

富田真紀子

人はいつから働くことを考えるのだろうか。毎年のように「大人になったらなりたい職業：第1位○○」といったランキングが発表されていることから，理想とする仕事への意識は比較的早い年齢からめばえていることがわかる。しかし，職業決定の際には雇用状況や個人の資質とのマッチングなどを経ることから，誰もが希望をかなえられるとは限らない。また，仕事に就いた後も転職・退職などが生じることがあり，その就労生活のありようは千差万別である。したがって，個々人のキャリア形成は重要な課題であり，働く人々を理解・支援するために必要な知識と技能をもった心の専門家の養成が期待されている。

1　キャリアとは

1-1　キャリアの定義

キャリア（career）の語源はラテン語の "carrus（車輪の跡）" とされている。馬車が道に残した車輪の跡である轍のイメージから，その後，人が通ってできた足跡，経歴，生涯，生き方というような意味も含むようになった。馬車が通ってきた長い軌跡は，曲がったり，遠回りしたり，ときには行き止まりになっていたりとけっして平坦な道ばかりではない。そして，立ち止まっているその先にも道は枝分かれしていろいろな方向に延びている。こうしたイメージこそがまさにキャリアと重なるところである。

キャリアの定義は「個々人が生涯にわたって遂行する様々な立場や役割の連

鎖及びその過程における自己と働くこととの関係付けや価値付けの累積」と示されている（文部科学省，2004）。キャリアには，狭義の意では職業に限定した**ワークキャリア**と，広義の意では人生全体を含めての**ライフキャリア**がある。

1-2　ワークキャリア

ワークキャリアは職業に関連するキャリアの総称である。一般的にキャリアというと職業生活へのイメージが強く，このワークキャリアを意図して使われることが多い。働くことに焦点をあて，職業に対する意識や態度，職業選択，資格・スキルアップ，昇進・昇格，意欲・満足感などを含む概念である。生きるための糧を得るには，仕事をする必要がある。すなわち仕事人としてどのように生きるかということは，人生そのものを問うているともいえる。

しかしながら，従来のキャリア支援では，仕事人としていかによりよく働くか，というワークキャリアのみに焦点があてられてきた。その結果，**長時間労働**や**過労死**といった問題が生じた。とくに，過労死（KAROSHI）は日本型就労による健康被害の一つとして国際的にも通じるようになっている。こうした状況をふまえて，生活全般を考慮した支援が重視されるようになり，より大きな視点でキャリアをとらえたものが**ライフキャリア**である。

1-3　ライフキャリア

ライフキャリアは，人生を通じて役割を統合的にとらえることを試みる概念である。有償，無償を問わず働くことを考慮するために，人が人生に担う役割を連続的に布置して，その中に職業生活も位置づけている。人々は人生を通して労働者以外にも，子ども，学生，余暇人といった多様な役割をもっていることから，同時に遂行すべき複数の役割をもつこともある。

このライフキャリアを端的に虹に模して表したものが**ライフ・キャリア・レインボー**（Super, Savickas, & Super, 1996）である（図3-1）。この図は，ある個人のライフキャリアを示したものであるが，灰色で示されている面積の部分が，それぞれの段階における各役割に投入された時間とエネルギーの消費された量

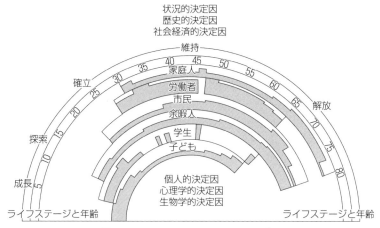

図3-1　ライフ・キャリア・レインボー

(出所) Super et al.（1996）

表3-1　スーパーのキャリア発達段階

段階	年齢	特徴
成長段階	0〜14歳	自己概念に関連した能力，態度，興味，欲求の発達
探索段階	15〜24歳	選択が狭まる暫定的な時期
確立段階	25〜44歳	仕事経験を通しての試行と安定
維持段階	45〜64歳	職業上の地位と状況を改善するための継続的な適応過程
解放（衰退）段階	65歳〜	退職後の生活設計，新しい生活への適応

(出所) Super & Bohn（1970）

を示している。いくつかの役割が同時に担われていること，そして，年齢により重きが置かれている役割が変化していることがわかるだろう。

　ライフ・キャリア・レインボーでは，キャリアを**ライフスパン**（時間）と**ライフスペース**（役割）の二つの側面から構成している。まず，ライフスパンに関しては，時間軸をもとに五つの段階に分け，それぞれの段階に特定の課題があり，それに取り組むことにより人間的な成長を遂げるとしている。5段階とは，①成長段階，②探索段階，③確立段階，④維持段階，⑤解放（衰退）段階である（表3-1）。次に，ライフスペースに関しては，年齢や場面における様々な役割の組み合わせがあり，人生の主な役割を六つ（子ども，学生，余暇人，市民，労働者，家庭人）に分類している。これら六つの役割を重複して担う場合

があり，各役割は相互に作用をおよぼし達成されるものであるとしている。

2　キャリア発達

キャリアの考え方にはいくつかのアプローチがある。ここでは職業選択など一時的なものでなく，キャリアは発達していくものであるとして，一生涯を通じてキャリアの発達を解明しようというアプローチについて紹介する。

2-1　ライフキャリアの発達

スーパー（Super, 1957）は，キャリア発達は自己概念の実現過程であるとしている。キャリア発達とは生涯にわたって「選択と適応の連鎖の過程」であるとし，**キャリア発達モデル**（図 3-2）を示している。キャリア発達モデルは，

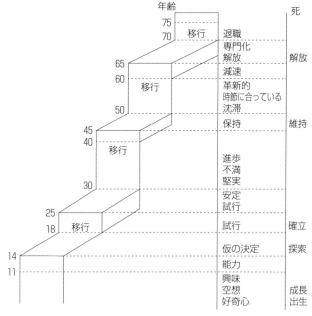

図 3-2　スーパーのキャリア発達モデル

（出所）Super（1957）

エリクソン（Erikson, E.）の生涯発達モデルをもとに，5段階からなるライフ・ステージ論を示し，誕生から死にいたるまでのマキシサイクル（生涯にわたる発達段階）と，これらの各段階の間にある意思決定を行うミニサイクル（各段階の中の移行期にあるサイクル）があるとした。この意思決定は，決定内容は異なるが生涯を通しなされるものであり，各段階の発達課題に対処するには**適応力（アダプタビリティ）**が重要であるとしている。スーパーは，生涯における仕事上の問題の範囲が広いものであることを示し，従来よりもはるかに広い生活全般の中における職業経路としてキャリアをとらえるよう提案した。

2-2　ワークキャリアの発達

　シャイン（Schein, 1978）は**組織内キャリア発達理論**を示し，組織内でのキャリア発達を明確化した。まず，キャリアを**外的キャリア**と**内的キャリア**の2軸からとらえることを提唱した。外的キャリアは個人が経験した仕事の実績，組織における地位などを意味する。内的キャリアはこれまでの職業生活についての意味づけになる。そして内的キャリアが外的キャリアの基礎となるとした。

　組織内キャリア発達に関しては，**組織の3次元モデル**を用い，外的キャリアを客観的にとらえることを試みた。この3次元モデルにおける各次元の詳細は以下の通りである。①組織の垂直方向の移動は，職階を上がる（下がる）こと（例：係長，課長，部長，社長などの職に就く），②水平の移動は，職能（専門領域）の異動（例：経理部から営業部へ異動），③中心への移動は，エキスパートになること（例：ある職の部門において卓越した技能を獲得して組織にとっての重要性が高まる）である。心理学的

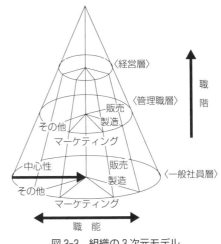

図3-3　組織の3次元モデル
（出所）Schein（1978）

支援を行うときに，組織の 3 次元のどのあたりに位置するのかを把握しておくと，クライエントが所属する組織の客観的理解につながり，キャリア支援においても役立つであろう。

2-3　発達課題

キャリア発達の段階には多様な課題があり，これを**発達課題**という。具体的には，①キャリア初期の危機（若者が職業人へ移行する際の課題）と②キャリア中期の危機（職業人になってからの課題）がある。

まず，①若者が職業人へ移行する際の課題には，**ニート**（Not in Education, Employment or Training：NEET）とよばれる若年無業者が挙げられる。ニートは，就学，就労，職業訓練のいずれも行っていない者と定義され，もともとはイギリスの用語であるが，今では先進諸国共通の問題となっている。このニートの中には，いわゆる**ひきこもり**も多いと推測される。ひきこもりは，様々な要因の結果として，社会的参加を回避し，原則的には 6 か月以上にわたっておおむね家庭内にとどまり続けている状態を指す（厚生労働省，2018a）。近年ではひきこもり状態が長期化していることで，ひきこもりの子どもが50代になると支える親が80代になり，生活が立ち行かなくなるという「8050問題」も新たに浮上している。ひきこもりの長期化は，就労経験が十分にないことから職業人への移行が難しくなるという問題を生む。またその背景には心の問題があることも多く，アセスメントを含む心理学的支援が重要となる。一方で，アルバイトなどの非正規雇用による就労の場合，**フリーター**とよばれる。フリーターは正規雇用に比べ，キャリアの展望をもちにくく，ニートと同様，親による経済的援助に頼っていることが多いことから，将来の生活設計が難しいという問題がある。

次に②職業人になってからの諸問題に関して，代表的なものを二つ紹介する。一つ目は，社会に参入して間もない若者が体験する**リアリティ・ショック**である。それまで個人が幻想的に抱えてきた仕事のイメージと現実のギャップに衝撃を受けて，仕事に向かう気持ちに揺らぎが生じることである。不確かな情報

やイメージによる期待がそのまま現実のものになることは少なく，ショックや喪失感により離職にいたることも多い。日本の新卒者が初職について3年以内に離職する割合は，中卒者で約7割，高卒者で約5割，大卒者で約3割が退職するとされ（実際は平成27年3月新規学卒就職者の離職率は，中卒者64.1％，高卒者39.3％，大卒者31.8％である（厚生労働省，2018bなど）），若者の初期キャリアの危機としてとらえられる。

　二つ目は，**中年期危機**という中年期に生じる心理的危機である。日本人の平均寿命は男女ともに80代にいたっており，その中間である40歳前後は人生の折り返し地点ともいえる。40代になると自分自身の先のキャリアが見えてくるため，良い意味でも悪い意味でも自分の限界を知り，体力・気力の低下を実感することが増える。また，家庭でも子育てや介護の問題などが生じて心身ともに負荷を抱えてしまうこともある。そうしたとき，急に自分の人生はこれでよいのか，と惑うのである。しかし，心理的危機に直面したときに適切な心理的支援を得るなどして乗り越えることができると，先を見つめ直す重要な契機にもなる。

3　キャリア開発

3-1　人材育成

　組織は個人に対して教育研修という形で支援し，**キャリア開発**を行っている。個人がキャリアを見据えて学習し，スキルアップを目指すことができるように，様々な支援策が考えられている。

　職場内での教育訓練は，**職場内訓練**（On the Job Training：OJT）という。上司や先輩が部下や後輩に仕事を通して知識や技術を教え，指導することを指す。多くの場合一対一で行うため，仕事内容に合わせた細やかな指導が可能であるというメリットがある。一方，指導者の力量に差があり，両者の関係性がうまくいかない場合に，指導が成り立たないという状況を生むことがある。

　次に職場外での教育訓練は，**職場外訓練**（Off the Job Training：Off-JT）

という。職場を離れた集合型研修，講習会，通信制研修による教育が含まれる。集合型研修にはたとえば新入社員研修があり，集団に対する実施が可能である。年齢や職能・職階で必要なスキルを体系的に教育できるというメリットがある。一方，職場外訓練には費用が発生し，日常の業務を離れて学ぶ知識をすぐに実際の業務に役立てることが難しいというデメリットがある。

　前述した2つの教育訓練以外に，自分の知識や能力向上のために自発的に学ぶことは**自己啓発**という。昨今，企業が資格取得講座の受講料を負担する，セミナー情報を提供する，というような自己啓発の支援も普及しつつある。

3-2　職業選択

　パーソンズ（Parsons, 1909）は1900年代初頭にキャリア研究を始め，キャリアガイダンス（職業相談，キャリアカウンセリング，キャリアコンサルティングを含む）の創始者といわれている。当時，アメリカは産業革命により，経済成長が急速に進む一方で，劣悪な労働環境により職業生活が不安定であった。そのため適切な職業指導が必要になり，職業指導局の設立と「職業の選択（Choosing a vocation）」（Parsons, 1909）の刊行にいたった。

　パーソンズの職業選択理論では，人の職業・特性とのマッチングを重視し，自己の特性・能力と仕事に求められるスキルが一致しているほど，仕事における満足感が高くなり，成功する可能性も高いとしている。さらに，「**賢明な（wise）職業選択**」のために三つのステップを挙げている。ステップ1は**自己理解**（適性，能力，興味，目標，資源，強み，弱み，その他資質についての明確な理解），ステップ2は**多様な仕事に関する理解**（仕事の要件や条件，有利な点，不利な点，報酬，就職の機会，将来性），ステップ3はこれらの二つのグループの関係について**正しい推論**（true reasoning）をすることである。

3-3　職業適性

　職業適性とは，ある職業を遂行するために必要な能力や特性を指し，職業への適応を予測するものである。職業適性は，個人の志向，性格（パーソナリテ

ィ），興味，価値観，態度とも深く関連することから，職業選択の際に職業適性を考慮することは重要である。

代表的な理論の一つにホランド（Holland, 1997）の理論がある。性格と職業（環境）の特徴を六つのタイプに分類し，それらのマッチングをはかるものである。人と環境の間には相互

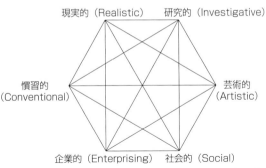

図3-4　パーソナリティ，環境，あるいはそれらの相互作用の心理学的類似性を定義するためのホランドの六角形モデル

（出所）Holland（1997）

関係がある（人は環境に影響をおよぼし，環境はその環境にいる人に影響をおよぼす）という**人-環境適合理論**の視点から，**職業性格類型論**をまとめた。個人が環境と相互作用する中で個人の特性である性格が発達するとし，現実的，研究的，芸術的，社会的，企業的，慣習的という六つの職業興味領域から個人の特性を明らかにしようと試み，**六角形モデル**を提案した（図3-4）。この六角形に布置した特性の距離は関連の強さを示している。距離が近い特性同士は比較的親和性があるとされ，対角線上に位置する特性同士は正反対であり個人の中においても統合が難しいものである。六つの特性からプロフィールが描かれるので，個人の特性のバランスを把握することができる。この理論をもとに職業をマッチングするための適職診断ツールも開発されており，代表的なものに**VPI職業興味検査**（Vocational Preference Inventory）がある。職業興味に関する情報を整理し，職業探索や適応について支援する際に活用される。

3-4　キャリアデザイン

日本では新卒一括採用による終身雇用によって，就職すれば会社からの指示により与えられた職務をまっとうし，その成果が認められると昇進し，新たな職務に取り組むという，会社から提示されたルートを進むことが求められてき

た。しかし昨今では成果主義が導入されるなどして，転職・起業をはじめ様々な選択が可能になっている。そうした中，自分らしい人生の歩みを考え，仕事に関しても自分で決め，選択していくことが求められている。すなわち「自分のキャリアは自分で選んで決める」ことが，自分らしく納得できる人生といえる。こうした自分の選択・決定を意識した考え方を**キャリアデザイン**という。

　キャリアデザインをする上で重要な指針として，シャイン（Schein, 1990 金井訳 2003）により提唱された**キャリア・アンカー**という概念がある。アンカーとは船を止める錨であり，海へ流れていかないように止める役割がある。個人がキャリアを発達していく際にも，けっして断念したくない大切な価値観，欲求，自分自身がもつ志向性，譲れない考えがあるとして概念化された。キャリア・アンカーは働きはじめて10年ほど経った30歳ごろに形成され，その後は一貫しているものとされている。個人が生涯にわたって仕事のよりどころ（核）となるような信念を無意識のうちにもっていることから，それを知ることは自己理解につながり，キャリア構築の際に一つの目安とすることができる。

　具体的には，以下の八つのパターンがあるとされている。①技術的・機能的能力（Technical/Functional Competence：TF）：専門を究める。②管理能力（General Managerial Competence：GM）：人々を動かす。③自律と独立（Autonomy/Independence：AU）：自律・独立して仕事をする。④安全性（Security/Stability：SE）：安定して心配なく仕事ができる。⑤創造性（Entrepreneurial Creativity：EC）：絶えず，企業家として何か新しいものを創造する。⑥奉仕・社会献身（Service/Dedication to a Cause：SV）：誰かの役に立ち，社会に貢献できる。⑦純粋な挑戦（Pure Challenge：CH）：自分にしかできないことに挑戦しつづける。⑧ワーク・ライフ・バランス（Lifestyle：LS）：仕事や家族やプライベートのバランスがとれるライフ・スタイルを実現する。キャリア・アンカーに関しては，40項目からなる質問紙調査が開発されており（Schein, 2006 金井・高橋訳 2009），セルフ・アセスメントも可能である。

3-5　トランジション

　キャリアには，今のステージから次のステージへの移行，過渡期があり，こ
れを**トランジション**という。これは，「転機」「節目」という言葉でキャリア形
成の中ではとらえられる。ブリッジス（Briges, 1980 倉光・小林訳 1994）は，
人生における転機，節目をどのように乗り越えていくか，という観点からトラ
ンジションモデルを提示している。トランジションモデルは3段階からなり，
①終焉（何かが終わる時期），②中立圏（混乱や苦悩の時期），③開始（新しい始
まりの時期）を設定している。ブリッジスは，すべてのトランジションは「終
焉」から始まることから，人生の転機では，まずは終わりを受け止め，それを
受け入れる作業が大事であるとしている。次の「中立圏」は，一時的な喪失状
態に耐え，今までと異なる意識変容，空虚感を味わったりするが，自己の内面
世界に向き合い，次の段階に進むために必要な段階であるとしている。最後に
「開始」の段階は，今後の生き方に向けての観念，印象，イメージの出現があ
り，内的な再統合により新たな始まりに向かう段階とされている。とくに，職
業キャリアにおけるトランジションには，就職，配置転換，昇進，転勤，転職，
定年退職などがあり，個々人が乗り越えていく術を身につけることが重要とさ
れている。

3-6　ワーク・ライフ・バランスに関する心理的概念

　近年，「働き方改革関連法」（2019年4月）が施行されるなど，ワーク・ライ
フ・バランスは重要な課題となっている（第2章参照）。とくに，仕事と家庭役
割の相互作用に着目した心理的概念としては，否定的側面を**ワーク・ファミリ
ー・コンフリクト**（仕事→家庭葛藤と家庭→仕事葛藤），肯定的側面を**ワーク・
ファミリー・ファシリテーション**（仕事→家庭促進と家庭→仕事促進）という
（富田他，2019）。たとえば，仕事→家庭葛藤は「仕事が忙しく，家族との時間
が十分持てない」といったことが当てはまる。働く人々の心身の健康との関連
も示唆されており，心理学的支援の際に考慮すべき視点といえよう。

3-7　キャリアカウンセリング

　キャリアカウンセリングに関して，渡辺とハー（2001）は四つの観点からまとめている。①大部分が言語を通して行われるプロセスであり，②カウンセラーとカウンセリィはダイナミックで協力的な関係の中で，カウンセリィの目標をともに明確化しそれに向かって行動していくことに焦点をあて，③自分自身の行為と変容に責任をもつカウンセリィが，自己理解を深め，選択可能な行動について把握していき，自分でキャリアを計画しマネジメントするのに必要なスキルを習得し，情報を駆使して意思決定していくように援助することを目指して，④カウンセラーが様々な援助行動をとるプロセスであるとしている。

　キャリアカウンセリングは，個人が仕事とのかかわりを通して，自らの能力を発揮し自律的に職業活動を遂行するために，問題や葛藤解決を図る支援とい

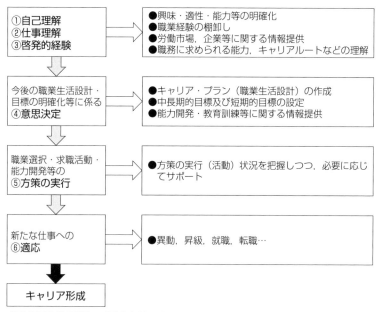

図3-5　キャリアコンサルティングの流れ

（出所）厚生労働省「キャリアコンサルティングの流れ」

える。キャリアカウンセリングでは人材の育成・開発の機能が重視され，職業選択やキャリア形成を援助するために，認知（行動）療法，ソーシャルスキル・トレーニング，アサーション・トレーニング，自律訓練法などの心理療法をとりいれている場合もある。

3-8　キャリアコンサルティング

　キャリアコンサルティングとは「労働者の職業の選択，職業生活設計又は職業能力の開発及び向上に関する相談に応じ，助言及び指導を行うこと」と定義される（職業能力開発促進法第2条5）。資格としては，2016年の職業能力開発促進法の改正により，キャリアコンサルタントが国家資格化されている。具体的なキャリアコンサルティングの流れは，6ステップとして整理されている（図3-5）。キャリアコンサルティングの専門家は，起業，需給調整機関（ハローワーク等），教育機関，若者自立支援機関など幅広い分野で活躍している。

❖考えてみよう

　あなたがモデルにしたい人のライフストーリーを調べ，それをライフキャリアの諸概念を用いて理解してみよう。

もっと深く，広く学びたい人への文献紹介

　渡辺 三枝子・ハー，E.L.（2001）．キャリアカウンセリング入門──人と仕事の橋渡し──　ナカニシヤ出版

　　☞キャリアカウンセリングに関する歴史的流れと各種理論をバランスよく学ぶことができる。これからキャリアカウンセリングを学ぼうという人にまず読んでもらいたい書である。

　Schein, E. H.（1978）. *Career dynamics: Matching individual and organizational needs.* Reading, Mass.: Addison Wesley.

　　（シャイン，E.H.　二村 敏子・三善 勝代（訳）（1991）．キャリア・ダイナミクス　白桃書房）

　　☞社会，組織，個人にとってのキャリアが，仕事へのエントリーから生涯を通じてどのように発達していくかを体系的に学ぶことができる。人生100年時代といわれる中，多様な生き方の問いに答えつつ，キャリアの構築の

一助となる書である。

引用文献

Bridges, W. (1980). *Transitions: Making sense of life's change.* Reading, MA: Addison-Wesley.

（ブリッジス，W.　倉光 修・小林 哲朗（訳）（1994）．トランジション――人生の転機――　創元社）

Holland, J. L. (1997). *Making vocational choice: A theory of vocational personalities and work environments* (3rd ed.). Odessa, FL: Psychological Assessment Resources.

厚生労働省　キャリアコンサルティングの流れ　https://www.mhlw.go.jp/stf/seisakunitsuite/bunya/0000198322.html（2019年5月31日閲覧）

厚生労働省（2018a）．平成30年版厚生労働白書　https://www.mhlw.go.jp/wp/hakusyo/kousei/18/dl/all.pdf（2020年2月10日閲覧）

厚生労働省（2018b）．新規学卒就職者の離職状況（平成27年3月卒業者の状況）を公表します　https://www.mhlw.go.jp/stf/houdou/0000177553_00001.html（2019年11月14日閲覧）

文部科学省（2004）．キャリア教育の推進に関する総合的調査研究協力者会議報告書――児童生徒一人一人の勤務観，職業観を育てるために――

Parsons, F. (1909). *Choosing a vocation.* Boston: Houghton Mifflin.

Schein, E. H. (1978). *Career dynamics: Matching individual and organizational needs.* Reading, Mass.: Addison Wesley.

（シャイン，E. H.　二村 敏子・三善 勝代（訳）（1991）．キャリア・ダイナミクス　白桃書房）

Schein, E. H. (1990). *Career anchors: Discovering your real values,* Revised edition. San Francisco, CA: Jossey-Bass/Pfeiffer.

（シャイン，E. H.　金井 壽宏（訳）（2003）．キャリア・アンカー――自分の本当の価値を発見しよう――　白桃書房）

Schein, E. H. (2006). *Career anchors: Self-assesment.* Hoboken, NJ: John Willey & Sons.

（シャイン，E. H.　金井 壽宏・高橋 潔（訳）（2009）．キャリア・アンカー〈Ⅰ〉セルフ・アセスメント　白桃書房）

Super, D. E. (1957). *The psychology of career.* New York: Harper & Row.

Super, D. E., & Bohn, M. J. (1970). *Occupational psychology.* Belmont, CA: Wardworth Publishers.

（スーパー，D. E.・ボーン，M. J.　藤本 喜八・大沢 武志（訳）（1973）．職業の心理　ダイヤモンド社）

Super, D. E., Savickas, M. L., & Super, C. M.（1996）. A life-span, life-space approach to careers. In D. Brown, L. Brooks & Associates（Eds.）, *Career choice and development*（3rd ed., pp. 121-178）. San Francisco: Jossey-Bass.

富田 真紀子・西田 裕紀子・丹下 智香子・大塚 礼・安藤 富士子・下方 浩史 （2019）．中高年者に適用可能なワーク・ファミリー・バランス尺度の構成 心理学研究, *89*, 591-601.

渡辺 三枝子・ハー, E. L.（2001）．キャリアカウンセリング入門――人と仕事の 橋渡し――　ナカニシヤ出版

第4章　ワーク・モティベーションと組織コミットメント
——個のパフォーマンスを支えるもの

前川由未子

　ある職場において，なかなか成果を上げず周囲が手を焼く労働者がいたとしよう。あなたがそこに勤める心理職（公認心理師）だった場合，その労働者をどのように理解し，支援するとよいだろうか。問題の背景には，仕事に対する動機づけの低さがあるかもしれないし，職場に愛着をもてないことが原因かもしれない。

　このように，組織における個人の行動にはワーク・モティベーションと組織コミットメントが深くかかわっている。これらは個のパフォーマンス，ひいては組織の成果を左右するものとして多くの経営者やマネージャーの注目を集めてきた。本章では，それぞれの学術的理論と研究成果を紹介し，現場における実践のあり方について検討する。

1　ワーク・モティベーション

1-1　ワーク・モティベーションとは

　モティベーション（motivation）とは，語源であるラテン語の movere（動き）に -ate（〜する）と -ion（〜もの）がついて「動かすもの」つまり「行動を引き起こすもの」を意味する言葉である。日本語では「動機づけ」と訳されることが多く，一般的には「やる気」や「意欲」と同じように用いられている。**ワーク・モティベーション**は，とくに仕事に関する行動を引き起こし，その形態，方向，強さ，継続性を決定するもの，と定義づけられる。

　モティベーションの規定要因をめぐっては1927年の**ホーソン研究**に始まり，

長きにわたって議論がなされてきた。これまで提唱された理論は，行動を引き起こす要因の内容に着目した**内容理論**と，行動が引き起こされる過程に着目した**過程理論**に大別される。以下ではそれぞれの理論の代表的なものを紹介する。

1-2　内容理論

　内容理論のうちもっとも歴史あるものの一つがマズロー（Maslow, A. H.）の**欲求段階説**である。マズローは最下層の「生理的欲求」（食欲，睡眠欲など）から「安全欲求」（身体的・精神的傷つきを逃れようとする欲求），「社会的欲求」（集団に所属し，他者から愛されたいという欲求），「承認欲求」（他者から承認・称賛され，自尊心を満たしたいという欲求），そして最上層の「自己実現欲求」（自分の能力や可能性を発揮したいという欲求）にわたる5段階の欲求が行動を引き起こすとした。この理論では，行動により低位の欲求が満たされると一つ高位の欲求が高まり，次の行動が生じるとされている。アルダファー（Alderfer, C. P.）はこれを修正し，「生存（Existence）」「関係（Relatedness）」「成長（Growth）」の3段階の欲求を唱えた。これは頭文字から**ERG 理論**と呼ばれ，下位から上位へという方向性が絶対的なものではなく，複数の欲求が同時に高まりうるとしてマズローの理論を発展させた（図4-1）。

　またマクレランド（McClelland, D. C.）は，設定した目標を達成したいという

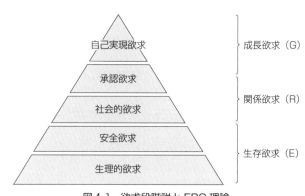

図4-1　欲求段階説と ERG 理論
（出所）Maslow（1954）と Alderfer（1972）より作成

「達成欲求」，他者に支配的な影響力をおよぼしたいという「権力欲求」，他者とよい関係を構築・維持したいという「親和欲求」の3次元でワーク・モティベーションが構成されるとする**達成動機理論**を示した。この三つの欲求はすべての人がもつ一方で，個人の特性や経験，または状況によってそれぞれの強さは異なり，仕事に関する行動にも影響を与えると考えられている。

　このほかにマクレガー（McGregor, D.）は，**X理論**と**Y理論**という人間観を示し，マネジメントのあり方について研究した。X理論とは人間を怠惰で自己中心的，受け身的な存在とみなす考え方であり，Y理論とは成長の可能性や能力，積極性は個人の中にあるとみなす考え方である。X理論にもとづいた場合，管理者は命令や懲罰により労働者を積極的に管理しようとするのに対し，Y理論にもとづいた場合には管理者が労働者の自己決定や自主統制を引き出そうとする。そのためマクレガーはY理論の方がより労働者の動機づけを高める効果的なマネジメントにつながると考えた。

　またハーズバーグ（Herzberg, F.）らの**動機づけ―衛生理論**では，動機づけ要因（仕事の達成，承認，成長など職務満足をもたらすもの）と衛生要因（職場環境，給与，監督者のあり方など職務不満足をもたらすもの）がそれぞれ独立した次元として提示された。すなわち，衛生要因を改善することは不満足を解消する一方で満足をもたらさないとし，職務満足や動機づけの向上には動機づけ要因が重要であると考えた。

　このように動機づけの要因には様々な内容があるが，これらは好奇心や達成感など個人の内部から発生する**内発的動機づけ**と，金銭報酬や賞賛など外部から発生する**外発的動機づけ**に大別できる。これまでの研究からは，内発的動機づけの方がより効果的に行動を誘発させること（Survey Research Center, University of Michigan, 1948）や外的報酬が内発的動機づけを低下させること（Deci, 1971）が明らかにされている。

1-3　過程理論

過程理論の代表的なものとしては，まず**期待理論**が挙げられる。これは行動

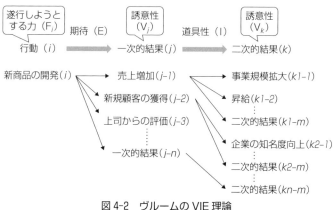

図4-2　ヴルームの VIE 理論
（出所）Vroom（1964）より作成

がもたらす結果への期待が行動を引き起こすという考え方であり，ヴルーム（Vroom, V.H.）が **VIE 理論**としてはじめに提唱した。VIE 理論ではある行動（i）がもたらす結果の魅力を「誘意性（Valence）」，結果が得られる可能性の予測を「期待（Expectancy）」，一次的な結果（j）が二次的な結果（k）につながる可能性を「道具性（Instrumentality）」と名づけている。そして一次的結果の誘意性（V_j）は二次的結果の誘意性（V_k）と道具性（I）の積の和（$V_{k1-1} \times I$ から $V_{kn-m} \times I$ までの総和）で求められ，さらにある行為を遂行しようとする力（F_i）は一次的結果の誘意性（V_j）と期待（E）の積の和（$V_{j-1} \times E$ から $V_{j-n} \times E$ までの総和）で求められるとする方程式を考案した（図4-2）。たとえば上司から新商品の開発を命ぜられたとする。このタスクをうまく遂行できた場合，組織の売り上げ増加や自身の評価向上といった一次的結果を得られることが予想される。さらにそれらはそれぞれが昇給などの二次的結果をもたらす。このように行動がもたらすすべての結果の魅力度と結果が得られる期待度をかけ合わせて総和した値が大きいほど，行動に向かう力が大きいということである。この理論はモティベーションの高低を数値によって可視化し，方程式による予測を可能にした点で注目を集めた。

　さらにポーターとローラー（Porter & Lawler, 1968）はこれを発展させたモデ

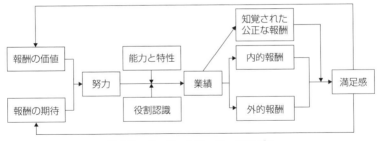

図4-3　ポーターとローラーのモデル

（出所）Porter & Lawler（1968）

ルを示した（図4-3）。このモデルは一次的な結果を「業績」，二次的な結果を「内的／外的報酬」と規定し，報酬がもたらす「満足感」が「報酬の価値」や「報酬の期待」に影響するという循環プロセスを説明している。

　このほかにバンデューラ（Bandura, A.）は**自己効力感理論**として，人が行動して結果を得る過程には二つの期待が作用することを示した。一つは「効力感期待」とよばれ，所定の行動を実行できるという信念を指す。もう一つは「結果期待」とよばれ，所定の行動により結果が得られるという信念を指す。この二つの期待からなる信念は**自己効力感**とよばれ，①過去の実際の経験，②他者を通した代理体験による学習，③言語による説得，④生理的状態，によって形成されると考えられた。

　他者との比較がモティベーションに影響することを示したのは**公正理論**である。中でもアダムス（Adams, J. S.）は**衡平理論**を提唱し，仕事に費やした時間や努力などのインプット（I）と給与や評価など報酬としてのアウトカム（O）の割合（O/I）を他者と比較して不均衡がある場合，自らの認識や行動を変えて不均衡を解消することを示した。たとえば他者と比べて報酬が少ないと判断した場合は，自らのインプットを減らすと考えられる。しかしこの理論に対しては，不均衡の解消法は個人により多様であるとの批判もある。

　これに対して多くの研究で妥当性が裏づけられているのがロック（Locke, E. A.）の**目標設定理論**である。これは「ベストを尽くせ」といった曖昧な目標より，具体的で困難な目標を与えた方が優れた成果をもたらし，やりがいや自信

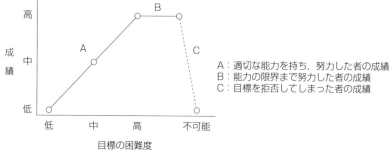

図 4-4　目標の困難度と成績の関係

（出所）Locke & Latham（1984）

も高まるとするものである。ただし目標が達成不可能なほど高く、当人がそれを目指して努力することをあきらめてしまった場合にはモティベーションは低下することが示されている（Locke & Latham, 1984）（図 4-4）。

1-4　モティベーションとパーソナリティ特性

　ここまでに示したのは行動を引き起こす短期的な要因やプロセスに関する理論であった。一方で、モティベーションの個人差を説明する長期的な予測因子として近年注目を集めているのが個人のパーソナリティ特性である。近年にいたるまでパーソナリティ特性との関係が研究されてこなかったことの背景には、広く認められたパーソナリティ指標がなかったことが挙げられる。その問題を解消したのが**ビッグファイブ**の開発である。ビッグファイブはパーソナリティを外向性、誠実性、神経症傾向、経験への開放性、調和性の 5 因子から構成されるとするモデルである。このうちワーク・モティベーションと神経症傾向との間には負の相関、誠実性との間には正の相関があることが示されている。また 5 因子との間には強い重相関があり、5 因子がワーク・モティベーションを有意に説明していることが明らかにされている（Judge & Ilies, 2002）。

　中核的自己評価もモティベーションとの関係が示されている。中核的自己評価とは自らの価値や能力に対する基本的評価であり、自尊心、統制の所在、一般的自己効力感、神経症傾向の 4 特性からなる。エレズとジャッジ（Erez &

Judge, 2001）は，中核的自己評価が高いほどワーク・モティベーションと業績
が高くなることを実証している。

　このほかにもパーソナリティ特性は職務満足や求職活動，職業選択にも影響
するといわれており，仕事にまつわる行動や想いを理解する上で見落とせない
側面であるといえる。ただし状況によってパーソナリティが発揮される度合い
が異なったり（たとえば明確な規範がある場合にはパーソナリティより規範が優先
される），発揮されやすいパーソナリティが異なったりする（たとえば営業職に
は外向性が求められる）といった点から，モティベーションとパーソナリティ
との関係を単純化することは難しいといえる。したがって個人のモティベーシ
ョンは，欲求や期待など内容理論と過程理論で示されている要因とパーソナリ
ティ特性から総合的に理解することが求められる。

1-5　組織における動機づけ手法

　モティベーションを向上させるためにはどうしたらいいのか。古典的な組織
はピラミッド構造で，上位層が意思決定し下位層へ指示する体制をとっている。
こうした体制ではなく，よりフラットで上下関係の少ない体制にすることでモ
ティベーションを引き出すのが**参加型マネジメント**や**ハイ・インボルブメン
ト・マネジメント**である。参加型マネジメントとは，組織として意思決定を行
う際にマネージャー以外のメンバーも協議に参加させることで，メンバーのモ
ティベーションを上げようとするマネジメントスタイルである。一方ハイ・イ
ンボルブメント・マネジメントとは，メンバーが自らの業務内容や処遇にかか
わる意思決定の場にも参加する権限を与えられるマネジメントスタイルである。
いずれも上から一方的に指示を受ける働き方ではなく，労働者の裁量や意思決
定権を拡大させ，より能動的な働き方を推奨するものである。ただし前者は会
議など意思決定プロセスへの参加機会を設ければよいのに対し，後者は企業理
念や給与体系なども工夫して経営そのものにかかわる体制を構築することを意
味している。こうした体制は労働者の当事者意識や自己効力感を高め，意欲と
能力を引き出すことから，組織全体の生産性を高めると考えられる。一方，こ

れらを導入するには組織単位での変革が必要であり，けっして容易ではないといえる。

　これに対し，近年多くの企業で導入されている動機づけ手法が**目標管理**である。これはマクレガーのＹ理論やマズローの自己実現欲求を理論的根拠に経営学者のドラッカー（Drucker, P. F.）が考案したものであり，管理監督者によるマネジメント手法として実践されている。方法としてはまず，部下が上司の助言を得ながら一定期間（多くは半年か一年）に達成すべき目標を設定する。目標は個人と組織にとって重要かつ緊急性が高く，具体的で達成可能なものでなければならない。その後，期間中は部下の裁量を尊重しつつ上司がフォローし，期間終了時には部下が達成度を自己評価して上司がその確認とフィードバックを行う。ロックの目標設定理論でも示されているように，こうして自ら目標を定めることはモティベーションの向上につながり，達成度の評価は給与や昇進の判断材料にもなる。ただし，上司との関係性や上司のマネジメント力に左右されやすいことには十分注意する必要がある。

　また給与体系や昇進システムはモティベーションに直接影響する要因であり，近年みられる年功的システムから成果主義的システムへの変化が労働者の心理面に影響することも示唆されている（日本労働研究機構，1994）。このように，個人や組織の置かれている状況を理解し介入を行うためには，それをとりまく社会の動向や変化を把握しておくことも重要である。

2　組織コミットメント

2-1　組織コミットメントの多次元性

　コミットメント（commitment）とは「傾倒」や「積極的関与」を意味する言葉であり，**組織コミットメント**とは組織から期待されるあり方や役割を実現しようとする継続的な態度である。概念の類似性からワーク・モティベーションと混同されやすいが，モティベーションは業務内容や個人のコンディションにより比較的短期間に変動しやすいのに対し，コミットメントは信念や価値観

とも類似する一貫した態度であるといえる。

　組織コミットメントの概念はこれまで多くの研究者により定義され，体系化されてきた。それらの議論は三つのアプローチに大別することができる。

　第一に，**情緒的コミットメント**としてのとらえ方である。マウディ（Mowday, R. T.）らは組織コミットメントを「①組織の目標と価値観に対する強い信頼と受容，②組織のために大いに尽力しようとする意欲，③組織のメンバーであり続けたいという強い欲求」によって特徴づけられる「特定の組織への強い同一化と没入の相対的強さ」と定義し，測定尺度として OCQ（Organizational Commitment Questionnaire）を開発した。またブキャナン（Buchanan, B.）はコミットメントの要素として①同一化，②没入，③忠義の三つを挙げている。このように情緒的コミットメントは，組織への愛着やのめりこみであり，好意的な感情にもとづく積極的な態度を意味している。

　第二に，**功利的コミットメント**としてのとらえ方である。もし職場に不満があり，他に魅力的な職を見つけたとしても，すぐに転職を決める人はけっして多くない。それは組織にとどまることで見込まれる昇進や将来の収入といった様々な利益を失い，それまでに費やしてきた時間や労力が無駄になるという思いがあるからである。ベッカー（Becker, H. S.）はこうした組織への投資をサイドベット（side-bet）とよび，組織を離れることでサイドベットが無価値化されることを避けるために組織へのコミットメントが形成されるとする**サイドベット理論**を提唱した。すなわち，組織のために費やしてきたコストとそのコストに見合う利得を得られないリスクを認識することにより，組織にとどまろうとする意欲が高まるという考え方である。コミットメントというと組織への愛着がイメージされがちであるが，年功序列や終身雇用制といった日本的経営体制のもとではとくに，功利的コミットメントは重要な役割を果たしていると考えられる。

　第三に，組織コミットメントを複数の要素からなる多次元的な概念としてとらえる統合的アプローチである。その代表的な理論としてアレンとマイヤー（Allen, N. J. & Meyer, J. P.）は「感情的コミットメント」「存続的コミットメン

ト」「規範的コミットメント」の三つの下位次元を唱えた。感情的コミットメ
ントは組織への愛着，存続的コミットメントは組織を離れることにともなうコ
ストの認知にもとづいた所属ニーズを表しており，それぞれ先に述べた情緒的
コミットメントと功利的コミットメントに類似する要素といえる。一方，規範
的コミットメントは組織への忠誠心や義務感にもとづくものであり，「組織に
所属する者として当然コミットすべきである」という暗黙のルールに則って発
揮されるものである。ただし規範的コミットメントは，感情的コミットメント
との相関が高く判別が難しい点や文化的要因の影響を受けやすい点などから批
判も多い。また他の研究者らが提唱した下位次元も情緒的コミットメントと功
利的コミットメントに収束しうる場合が多いことから，先行研究の多くがこの
２次元を構成要素として取り上げている。

　研究者により見方は様々ではあるが，いずれにせよ組織コミットメントは複
数の側面をもつ多次元的な概念であるといえる。そのため，一口に「組織コミ
ットメント」といってもそれがどの次元を指すのかにより議論は大きく異なっ
てくる。また個人の中においても下位次元の高低のバランスは一人ひとり異な
るはずである。したがって，たとえば産業心理臨床の場面で労働者のコミット
に関して，アセスメントや支援を行う際にも多次元性を想定する必要がある。

2-2　組織コミットメントの形成

　組織コミットメントを高めることを目指して，これまで数々の研究が組織コ
ミットメントに影響する要因を検討してきた。マイヤーとアレン（Meyer &
Allen, 1997）は，組織コミットメントの先行要因と成果変数を図4-5のような
モデルにまとめている。このうち間接的先行要因の代表的なものとしては，デ
モグラフィック変数にあたる勤続年数と職位が挙げられる。これらはコミット
メントと正の関係にあることが多くの研究で示されてきたが，勤続年数や職位
が直接コミットメントを向上させるのではなく，長く勤めたり昇進したりする
ことにより職務が多様化したり，自律性や挑戦性の高い職務を担ったりするこ
とでコミットメントが高まると考えられる。また自らの能力を高く評価してい

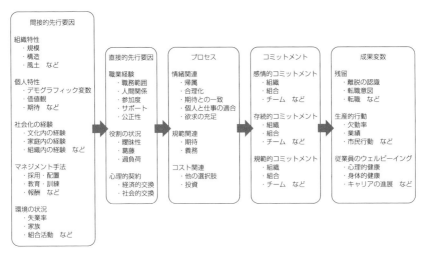

図4-5　組織コミットメントの多次元モデルとその先行要因と成果変数
（出所）Meyer & Allen（1997）

る人ほど情緒的コミットメントが高いことが指摘されている（Mathieu & Zajac, 1990）が，能力の高い人ほど多くの職務を任されることや良好な人間関係を築きやすいことも考えられる。このようにマイヤーらは，これまで示されてきた先行要因の一部が職業経験や役割の状況といった要因を通して間接的に影響することを示し，組織コミットメントの段階的な形成過程を明示した。

2-3　組織コミットメントがもたらすもの

　組織コミットメントは何をもたらすのだろうか。図4-5でも示されているように，組織コミットメントが影響する成果変数は大きく三つに分類できる。第一に，転職行動や転職意図などで測られる**定着意識**である。これは所属する組織にとどまろうとする態度であり，情緒的コミットメントが高いほど転職への志向性は抑制されることがわかっている。つまり情緒的コミットメントは労働者の離職を防ぐ上で重要といえる。なお，マイヤーらのモデルでは残留と表現されている。第二に，仕事の成果，欠勤率，組織市民行動といった生産的行動の側面である。情緒的コミットメントが高いほど生産的行動は多くなる一方で，

功利的コミットメントは業績とは負の関係，欠勤率や組織市民行動とは無相関であることが示されている（太田・岡村，2013）。なお，組織市民行動とは自らの職務範囲を超えた役割外の働きを実行することである。第三に，ストレスや心理的・身体的健康，**ワーク・ファミリー・コンフリクト**（第3章参照）といった**ウェルビーイング**（well-being）の側面である。ウェルビーイングとは人が身体的・精神的・社会的に良好で幸福な状態のことを指す。情緒的コミットメントはストレスやワーク・ファミリー・コンフリクトを低減するのに対し，功利的コミットメントはその逆の効果をもつことが明らかにされている（太田・岡村，2013）。

　これらの知見をまとめると，組織コミットメントのうち情緒的コミットメントが高く功利的コミットメントが低い状態が，労働者の離職・欠勤を防いでパフォーマンスを向上し，職場適応や心身の健康を良好に保つことにつながると考えられる。つまり労働者の組織コミットメントがこのような状態であることは，組織にとっても個人にとっても望ましい結果をもたらすといえる。

2-4　組織コミットメントへの介入

　組織コミットメントを開発するための介入は，ワーク・モティベーションへの介入に比べて少なく，限られた研究成果しか示されていない。その背景には，モティベーションの方が短期的に変化しやすく，行動の直接的な起因となるために介入の対象にされやすいことが考えられる。しかし，いうまでもなく労働者の欠勤や離職は組織にとって非常に大きな損失である。とくに近年は入社3年以内の三人に一人が離職するといわれており，人材不足も深刻であることから，組織コミットメントの開発はますます重要な課題であるといえる。

　そのための効果的な方法と考えられているのが，**人的資源管理**（Human Resource Management：HRM）である。これは人材を組織の経営資源としてとらえ，労働者を適正に評価して採用・配置し報酬を与えるだけでなく，教育・訓練によって労働者の職務遂行能力を向上させるマネジメント手法である。マイヤーとアレン（Meyer & Allen, 1997）によると，HRM は労働者が個人の価

値を認められていると感じることで感情的コミットメントを向上させるだけで
なく，教育や訓練を受けられることが組織に居続ける恩恵として存続的コミッ
トメントにつながり，教育・訓練に対する恩義が規範的コミットメントも向上
させるという多面的な効果を発揮する。ここで彼らが強調しているのは，実際
のマネジメント以上に労働者がマネジメントをどう認知しているかが重要であ
るということである。そのためマネージャー側は HRM を実施するだけでなく，
取り組みの内容が労働者に認知されるよう工夫する必要もあると考えられる。

❖考えてみよう

集団の中でモティベーションが下がっている人を想定した上で，その背景をど
のように理解し，どのように働きかけたらその人のモティベーションは上がるか，
考えてみよう。

📖 もっと深く，広く学びたい人への文献紹介

Latham, G.（2006）. *Work motivation: History, theory, research, and practice.*
Thousand Oaks, CA: SAGE Publications.

（レイサム，G. 金井 壽宏（監訳）依田 卓巳（訳）（2009）. ワーク・モテ
ィベーション NTT 出版）

☞本書はワーク・モティベーションに関する理論を広く網羅している。内容
はやや難解であるが，モティベーション研究を学ぶ上で有用なハンドブッ
クである。

鈴木 竜太（2002）. 組織と個人——キャリアの発達と組織コミットメントの変化
—— 白桃書房

☞本書は組織コミットメントをテーマにした博士論文をもとに構成されてお
り，組織コミットメントに関する先行研究がわかりやすくまとめられてい
る。

引用文献

Alderfer, C. P.（1972）. *Existence, relatedness, and growth: Human needs in orga-
nizational settings.* New York: Free Press.

Deci, E. L.（1971）. Effects of externally mediated rewards on intrinsic motivation.
Journal of Personality and Social Psychology, 18, 105-115.

Erez, A., & Judge, T. A.（2001）. Relationship of core self-evaluations to goal setting, motivation, and performance. *Journal of Applied Psychology, 86,* 1270-1279.

Judge, T. A., & Ilies, R. (2002). Relationship of personality to performance motivation: A meta-analytic review. *Journal of Applied Psychology, 87,* 797-807.

Locke, E. A., & Latham, G. P. (1984). *Goal setting: A motivational technique that works.* Englewood Cliffs, NJ: Prentice-Hall.
（ロック，E. A.・ラザム，G. P.　松井 賚夫・角山 剛（訳）（1984）．目標が人を動かす――効果的な意欲付けの技法――　ダイヤモンド社）

Maslow, A. H. (1954). *Motivation and emotion.* New York: Harper & Row.

Mathieu, J. E., & Zajac, D. (1990). A review and meta-analysis of the antecedents, correlates, and consequences of organizational commitment. *Psychological Bulletin, 108,* 171-194.

Meyer, J. P., & Allen, N. J. (1997). *Commitment in the workplace: Theory, research, and application.* Thousand Oaks, CA: SAGE Publications.

日本労働研究機構（編）（1994）．ワーク・モティベーションの構造と変化――既存調査，理論・モデルからの検討――　資料シリーズ／日本労働研究機構（編），No. 37.

太田 さつき・岡村 一成（2013）．組織コミットメントの存続的要素についての展望　産業・組織心理学研究，*27,* 3-19.

Porter, L. W., & Lawler, E. E. (1968). *Managerial attitudes and performance.* Homewood, IL: Richard D. Irwin.

Survey Research Center, University of Michigan (1948). Selected findings from a study of clerical workers in the Prudential Insurance Company of America. *Survey Research Center Study #6,* University of Michigan, Ann Arbor.

Vroom, V. H. (1964). *Work and motivation.* New York: John Wiley and Sons.

第5章　リーダーシップ
——集団活動への効果的な影響力のために

前川由未子・加藤容子

あなたが所属している組織や集団には，どんなリーダーがいるだろうか。あるいはあなた自身がリーダーとなって活動する場面はあるだろうか。そこでのリーダーシップを思いうかべながら，集団での活動はどのように進んだのかと思いおこすと，その二つは密接にかかわり合っているということに気づくだろう。

リーダーシップは多くのビジネス書でとりあげられるように，一般の労働者に強い関心を引きおこすものである。本章ではリーダーシップの学術的な理論とその変遷を紹介した上で，実際の産業・組織領域でどのように実践されるとよいものなのか，考えてみたい。

1　リーダーシップとは

1-1　リーダーシップの定義

複数の人によって構成されている組織が目標を達成するには，そのメンバーをまとめる**リーダーシップ**の働きが必要になる。リーダーシップの定義は多様であるが，ストッディル（Stogdill, 1974）は多くの先行研究をレビューした上で，「集団目標の達成に向けてなされる集団の諸活動に影響を与える過程」であるとまとめた。池田（2009）はこの定義を明確に理解するための留意点として，第一にリーダーシップとはある特定の個人に限定されず，メンバーもリーダーシップを発揮できる「集団の機能」であること，第二に，リーダーシップ

が「メンバーによる受容」を前提としていることを挙げている。

　これらをふまえ，現代のリーダーシップ理論として今日広く共有されている認識は，①集団目標の達成に向けてなされる活動の中で発揮される「影響力」であること，②特定の能力や地位に依拠するような役割ではなく，集団活動の「機能」であること，③特定のリーダーのみが発揮するものではなく，「メンバーの誰しも」が発揮しうるものであること，④リーダーの働きかけとメンバー（フォロワー）の受容と反応という対人関係の中で展開する「相互的な影響過程」であることといえる。

1-2　職場におけるリーダーシップ

　職場においては，実務レベルでは管理監督者，組織運営レベルでは経営層がリーダーとなり，彼らによるリーダーシップが遂行されることが多い。ここでリーダーシップはリーダーのみがもつものと理解されていると，メンバーは「リーダーが〜してくれた」あるいは「〜してくれなかった」と認知することになる。これは自らを受動的な立場に置くことであり，主体的に仕事に取り組むことを難しくさせるものと考えられる。またリーダー自身がリーダーシップは自分のみがもつものと理解していると，影響力の行使が独善的になり誇大化したり，逆に限定的で不足したものになったりする可能性が出てくる。どちらにしてもこれらはリーダーシップの効果の低下をもたらし，集団活動の生産性の低下にもつながると考えられる。

　しかし，リーダーシップの定義にもとづくような，目標に向かって誰しもが発揮しうる機能であるという認識をリーダーもメンバーももつことができれば，みなが仕事に主体的に取り組み，集団の目標に対してもより効果的にアプローチすることができると考えられる。

　リーダーシップ概念は日常的に使用されているが，前者のような限定的な意味をもつものとして認識されている場合が多いだろう。したがって心理職（公認心理師）や心理学を学ぶ者が後者のような理解を身につけ，これをふまえて集団や組織にかかわっていくことで，組織や個人の健康と生産性に対して，よ

り効果的に寄与できるものと期待される。

2　リーダーシップ研究の変遷と理論

2-1　特性論

　リーダーシップ研究の初期には，前述のような定義はまだ生まれておらず，特定のリーダーとしての特性を明らかにしようという試みがなされていた。

　その端緒は，カエサル（Caesar, J.）やナポレオン（Napoleon, B.）といった歴史的指導者に共通する特徴を見出すことで，優れたリーダーの条件を明らかにしようとした研究に見られる。カーライル（Carlyle, T.）はこれを**偉人論**（Great man theory）とよび，一般の人々にはない，偉大なリーダー特有の性質を提示した。またストッディル（Stogdill, 1948）はリーダーの特性についての研究をレビューし，①能力，②素養，③責任感，④参加性，⑤地位の点で他のメンバーよりも優れているとまとめた。またハウス（House, R. J.）はカリスマの特性をもつリーダーシップ（**カリスマ的リーダーシップ**）について研究を進め，①支配欲，②自信，③影響力の要求，④自己価値への信念があるとまとめた。

　このようにリーダーのパーソナリティ特性や資質を研究対象としたアプローチを**特性論**という。特性論は1900年代から1950年ごろにかけて興隆したが，結果に一貫性がないなど科学的裏づけに乏しいという批判が多く，その後は下火になっていった。

2-2　行動論

　こうした批判とともに，より客観的にとらえやすい行動に着目し，優れたリーダーシップの行動を明らかにしようとする研究がさかんになっていった。このアプローチは**行動論**とよばれ，とくに1960年代に台頭した。

　たとえばレヴィン（Lewin, K.）はリーダーシップ・スタイルとして，メンバーを厳格に管理する「専制型」，メンバーとの対話を重視し，メンバーの意見

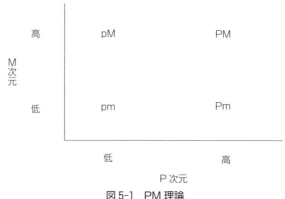

図 5-1 PM 理論

(出所) 三隅 (1984) より作成

を尊重する「民主型」, メンバーを放置してほとんど関与しない「放任型」の三つを提示し, 民主型リーダーがもっとも有効であることを明らかにした。

わが国では三隅 (1984) が, リーダーの行動を, 課題の遂行と目標達成を促す「目標達成機能 (Performance)」と集団内の円満な人間関係を構築・維持させる「集団維持機能 (Maintenance)」に類型化し, 両機能の高低で 4 タイプ (PM/Pm/pM/pm) に分けてその機能をみる **PM 理論**を提唱した (図5-1)。リーダーのタイプごとに組織の生産性やメンバーの満足感を検討したところ, P機能も M 機能も高い PM のリーダーがもっとも優れており, 両機能とも低いpm のリーダーがもっとも優れていないことが明らかとなった。また Pm とpM については, 短期的な目標達成のときには Pm の方が優れており, 長期的な目標達成のときには pM の方が優れていること, 達成動機が低いメンバーにとっては Pm の方が効果的であり, 達成動機が高いメンバーにとっては pM の方が効果的であることが明らかとなっている。

この PM 理論をはじめとして, ベールズ (Bales, R.) の「課題行動」と「社会的・情緒的行動」, リカート (Likert, R.) の「仕事中心型」と「従業員中心型」, ブレークとムートン (Blake, R. R. & Mouton, J. S.) の「業績に対する関心」と「人間に対する関心」など, 課題の達成を重視する行動と集団内の関係性を重視する行動の 2 次元でリーダーシップをとらえる見解が主流となった。一方

で，メンバーとの相互作用が考慮されていない点や，時間経過にともなう状況の変化をとらえられていない点などが批判を集めた。

2-3　状況論

その後1970年代を中心に，集団をとりまく状況要因の影響を考慮に入れた**状況論**が展開される。

フィードラー（Fiedler, 1967 山田訳 1970）の**コンティンジェンシー（状況即応）モデル**は，リーダーの特性と集団の状況との関連によるリーダーシップの有効性を明らかにしたものである。まずリーダーに「過去に一緒に働いた中でもっとも苦手な人」を想定してもらい，その人を肯定的に評価している程度を測定してLPC（Least Preferred Co-worker）得点とし，高得点者を「人間関係志向」のリーダー，低得点者を「課題達成志向」のリーダーとした。一方で集団の状況を「リーダーとメンバーの関係のよさ」「課題が構造化されている程度」「リーダーがメンバーの昇給・昇進などにもつ影響力の強さ」の3要因でとらえ，それらの組み合わせによってリーダーにとって統制しやすい状況の程度を8段階設定した。そして，集団の状況がリーダーにとって統制しやすい，またはしにくい状況においては課題達成志向のリーダーが，統制のしやすさが中程度の状況では人間関係志向のリーダーが，集団の業績に対して効果的であることを示した（図5-2）。

また，ハウス（House, 1971）は**パス・ゴール（経路─目標）理論**を唱えた。これはリーダーがメンバーの欲求やワーク・モティベーションを理解した上で，組織の目標への道筋（パス）を示すような指導をするというものである。ここではリーダー行動を「体制づくり」行動と「配慮」行動とに分け，課題が構造化されておらずメンバーが取り組みにくい状況ではリーダーの「体制づくり」行動が，課題が構造化されている状況では「配慮」行動が，組織の成果やメンバーの満足度を高めることを明らかにした。

メンバーや集団の成熟度という視点を含めたハーシーとブランチャード（Hersey & Blanchard, 1969, 2012）は，状況的リーダーシップ理論（Situational

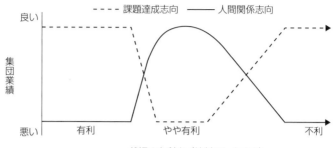

変　数	Ⅰ	Ⅱ	Ⅲ	Ⅳ	Ⅴ	Ⅵ	Ⅶ	Ⅷ
リーダー／メンバー関係	良い	良い	良い	良い	悪い	悪い	悪い	悪い
課題の構造	高い	高い	低い	低い	高い	高い	低い	低い
地位の勢力	強い	弱い	強い	弱い	強い	弱い	強い	弱い

図 5-2　コンティンジェンシー（状況即応）モデル

（出所）Fiedler（1967）より作成した池田（2009）から転載（一部改変）

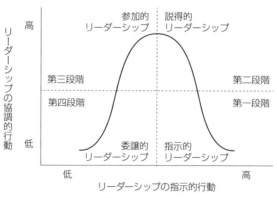

図 5-3　状況的リーダーシップ論

（出所）Hersey & Blanchard（2012）より作成

Leadership：SL 理論）を提示した（図 5-3）。彼らはリーダーシップを指示的行動と協調的行動に分け，その高低の組み合わせによって，4 種類のリーダーシップ・スタイルを設定した。またメンバーや集団については，能力（知識・スキル・経験）と意欲（自信・コミットメント・モティベーション）の成熟度によっ

て4段階を設定した。メンバーが未熟な第一段階では，指示的行動の多いリーダーシップが効果的であり，メンバーがやや成熟した第二段階では，指示的行動だけでなく協調的行動も高い説得的リーダーシップが有効となる。メンバーの成熟度が高まると，指示的行動を減らし協調的行動を重視した参加的リーダーシップが効果的となり，その後メンバーの成熟度が高く自律的になると，メンバーを見守る委譲的リーダーシップが有効となる。

2-4　認知論

　1970年代における認知科学の発展にともない，1980年代にはリーダーとメンバーの認知に焦点をあてた**認知論**が台頭することとなる。

　リーダーによるメンバーの認知にもとづいたリーダーシップについて，古川（1979）は**目標設定過程**を提示した。これは期待理論（第4章1-3参照）を応用したものであり，リーダーは集団状況の把握と判断にもとづいて目標を設定し，目標の実現のために役立つと思われる行動を選択するというプロセスが示された。またグリーンとミッチェル（Green & Mitchell, 1979）は帰属理論を応用して，メンバーの行動および成果に対してリーダーがその理由や原因を検討し，そこで行われた原因帰属にもとづいて，リーダーシップ行動を決定すると考えた。

　これらはリーダーによるメンバーの認知を扱った研究だが，その一方でメンバーによるリーダーの認知に注目した研究も進められた。メンバーがリーダーシップを評価するとき，客観的な行動を観察したもののみにもとづくのではなく，自身の抱く暗黙のリーダーシップがそこに影響をおよぼすことがある。これを**暗黙のリーダーシップ理論**という。暗黙のリーダーシップ理論は，1970年代にエイデンとリバイアタン（Eden, D. & Leviatan, U.）が提唱して以降に研究が進められたが，近年では，「感受性」「知性」「献身」「活力」というプロトタイプに精緻化されている（Epitropaki & Martin, 2004）。

2-5　変革論

　1980年代に入ると，アメリカ経済の不況を背景に**変革型リーダーシップ**が注目を集めた。リーダーがメンバーとの交流を通じて課題を遂行させる従来のスタイルを**交流型リーダーシップ**とよぶのに対し，変革型リーダーシップは集団に変化や革新をもたらすリーダーのあり方である（Burns, 1978）。

　バス（Bass, B. M.）は変革型リーダーシップの構成要素として，①理想化の影響（Individualized influence），②モティベーションの鼓舞（Inspirational motivation），③知的刺激（Intellectual stimulation），④個別的配慮（Individual consideration）の「四つのI's」を唱えた（Bass, 1985）。このうち①はリーダーのカリスマ性を意味し，ハウスのカリスマ的リーダーシップに由来する。

　彼らはまた，交流型リーダーシップと変革型リーダーシップの両方を兼ね備えることが，もっとも効果的であると述べている。日常的な仕事においては交流型リーダーシップによる目標達成と関係維持を志向しつつも，新しい課題に取り組んだり独創的な営みを目指すときには，思いきった変革的リーダーシップを行使すると，組織が再活性化し効果をもつとしている。

2-6　関係論

　1990年代になるとフォロワー（メンバー）に対する関心が高まり，**フォロワーシップ**についての研究がさかんになる。フォロワーシップとは主体性や順応性といったリーダーに対するフォロワーの影響力であり，組織の成果に対する貢献度の80％はフォロワーが担っているともいわれる。ケリー（Kelley, 1992）はフォロワーシップ・スタイルを「役割への積極的関与」と「独自の批判的思考」の2次元により「模範型」「順応型」「孤立型」「消極型」「実務型」の五つに分類した（図5-4）。このうち，積極的かつ主体的な模範型フォロワーシップがもっとも望ましく，リーダーシップを発揮して生産性や独創性を高める働きをすることも期待される。また順応型フォロワーシップは，一見するとリーダーにとってかかわりやすい対象だが，組織の生産活動は停滞することが懸念される。一方リーダーにとって扱いづらいと考えられる孤立型フォロワーシップ

は，リーダーの目標や方向
性の変更によって積極的に
関与することができれば，
模範型フォロワーシップに
なる可能性をもつ。

　さらにリーダーまたはメ
ンバー単体ではなく，両者
の相互作用を研究する**関係
性アプローチ**が出現する。

図5-4　フォロワーシップ・スタイル
（出所）Kelley（1992）より作成

その代表的理論として，リ
ーダー―メンバー交換関係（Leader-Member Exchange：LMX）理論がある。
グラーエン（Graen, G.）他は社会的交換理論にもとづき，リーダーとメンバー
が共通目的の達成に向けて物理的・心理的・社会的恩恵を相互に交換し合うパ
ートナー関係が構築できたときに，有効なリーダーシップが発揮されるとした
（Dansereau, Graen, & Haga, 1975；Graen & Uhl-Bien, 1995）。すなわち，リーダ
ーとメンバーの関係が成熟したパートナーシップをもつことが重要だとしたも
のである。

　またメンバーの主体性を尊重するという考え方として，時期は1970年代にさ
かのぼるが，グリーンリーフ（Greenleaf, 1977 金井訳 2008）による**サーバント
リーダーシップ**が挙げられる。サーバントとは奉仕人や召使いを意味する言葉
であり，古典的なリーダーシップがもつ，メンバーを上から引っぱるイメー
ジとは反対の意味である。しかしグリーンリーフは，奉仕することこそがリー
ダーシップの本質であると説いている。すなわち自分の夢や価値観にしたがい，
メンバーの言葉を傾聴し受容する中で，先見の明に開かれ，それによってより
よい世界がもたらされるよう献身的に行動するということである。この考え方
は一つの哲学といえ，時代を超えて受けつがれている。

2-7　近年の理論

　近年ではますます組織の外部環境や内部環境の変化が大きく，これに適応する必要が出てきた。ここでハイフェッツ，リンスキー，グラショウ（Heifetz, Linsky & Grashow, 2009 水上訳 2017）は**アダプティブ・リーダーシップ**を提唱している。このリーダーシップはカリスマ的なものではなく，難題に適切に取り組み，人々をまとめあげ動かしていくものである。リーダーは職場における困難な状況が，たんなる技術的な問題ではなく状況適応的な問題であると判断された場合に，①周囲の出来事やパターンを観察し，②観察したことを解釈し，③観察と解釈にもとづいて介入する，というプロセスを繰り返す。このプロセスでは，リーダーは現場に入って実践することと並行して，そこから距離をとって俯瞰すること（ダンスフロアを見下ろせるように「バルコニーに上がる」ととらえられている）が重視されている。また安全な環境の中で，メンバーの喪失や拒絶さらには対立をも受け入れケアして抱えながら，メンバー自身が行動できるよう促し，それによりシステムが動いていくことを提示している。

　ここではリーダーとメンバーの関係性を重視しつつ，組織や職場が環境に適応するよう，安全かつ効果的に変革していくことを目指している。この考え方は心理臨床における個人の変容とも重なるものであり，もともと精神科医であるハイフェッツならではの観点といえるだろう。

3　組織で求められるリーダーシップとその開発

3-1　効果的なリーダーシップ・コンピテンシー

　役職や地位にかかわらずすべてのメンバーがリーダーシップを発揮するためには，リーダーシップの開発がますます重要になる。では，とくに組織において求められるリーダーシップとはどのようなものなのだろうか。

　組織の成果やメンバーの満足度などを高める**リーダーシップ・コンピテンシー**に関する研究は数多くなされてきた。リーダーシップ・コンピテンシーとは，リーダーシップを発揮するような能力・スキル・パーソナリティなどを示す。

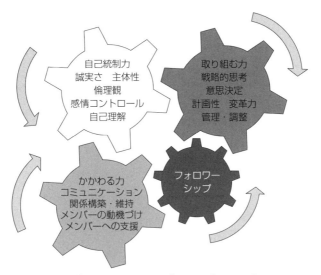

図5-5　組織で求められるリーダーシップ・コンピテンシー

先行研究（e.g. Yukl, 1989）を概観すると，組織においてリーダーに求められる能力は「かかわる力」「取り組む力」「自己統制力」の大きく三つに整理できる。図5-5はそれらのリーダーシップ・コンピテンシーとフォロワーシップがかみ合うことにより，組織の歯車がうまく回転する様子を表している。

3-2　リーダーシップの開発

　リーダーシップの開発には，図5-5で示したような能力を高める必要がある。そのためには，アセスメントをした上でリーダーシップ機能を高める活動をすることが重要である。

　まずリーダーシップのアセスメントの方法としては，**360度フィードバック**（**360度多面評価**）やチェックリスト等が挙げられる。360度フィードバックとは，対象となる人の仕事ぶりをよく知っている上司・同僚・部下・顧客などに依頼し，対象者の日常の職務上の行動や職務遂行能力，スキルなどを評価し，それを本人にフィードバックするものである。様々な立場の他者からの評価と自分自身による評価とを知ることによって，リーダーが自分自身について総合

的に知ることができるという効果をもつ。

　次に，アセスメントの結果にもとづいてトレーニングやプログラムに参加したり，コーチングやメンタリングを活用することが有効となる。職場における**コーチング**とは，コーチ（指導者）とコーチー（被指導者）の関係の中で，職務上の具体的な課題目標を設定し，それへの解決方法を一緒に考えながら，目標を達成することである。また**メンタリング**とは，メンター（後見人）がメンティー（被後見人）に対して，キャリアの方向性について相談に乗ったり助言・指導しながら保護するものである。これらは新入社員や一般社員に対して行われることが多く，リーダーシップの発揮が求められる管理職には，コーチ等の役割が期待されることが多い。しかしむしろ管理職こそ，このような支援を有効に活用して自らのリーダーシップ機能を高めることが，組織全体の健康度や生産性を高めるために重要だと考えられる。

3-3　心理職（公認心理師）によるリーダーシップ開発の支援

　心理職（公認心理師）はリーダーシップ開発に対して，どのように貢献できるだろうか。

　第一に，心理学的アセスメントである。心理職（公認心理師）は本人や職場のニーズに加えて問題の背景要因，本人の知的能力や発達的特徴，意識的・無意識的欲求や不安，職場や組織内のグループ・ダイナミックスなど，心理学的なアセスメントを行うことができる。とくに個人の能力をアセスメントする際には，図5-5で挙げたリーダーシップ・コンピテンシーと照らして開発が必要な側面を明らかにすることで，個人の問題意識を高めたり，適切な研修・訓練を提供することが可能となる。また近年では，リーダーシップ機能を一人ではなく複数名で分担して発揮する分散型リーダーシップの有効性も指摘されているが（Mehra, Smith, Dixon, & Robertson, 2006），アセスメントにより個人の得意・不得意を明らかにすることは，こうした新たなリーダーシップのあり方を探求する際にも役立つ。

　第二に，本人への心理的サポートである。とくにリーダーシップ開発が求め

られる管理職や昇進して間もない社員は高ストレス状態に陥りやすい。また，メンタルヘルス不調者の中には本人やその上司がうまくリーダーシップを発揮できていないために，思うような成果をあげられなかったり，周囲との人間関係がうまくいかなかったりしている場合が少なくない。そのような場合には個別面談で相談に応じ，心理的サポートを提供できる。

　第三に，上司や関係者へのコンサルテーションである。SL 理論などでも示されているように，効果的なリーダーシップを発揮するためには集団やメンバーの性質や状況をよく理解しておく必要がある。しかし，多くの業務をこなす上司がそれらをつねに把握していることは容易ではない。心理職（公認心理師）が組織やメンバーに対するアセスメントをもとにコンサルテーションを行うことにより，上司がリーダーシップをより効果的に発揮できると考えられる。また，リーダーシップの開発には，よき指導者や助言者，あるいはロール・モデルとなる人に職場で出会えることが有効であることから，こうした取り組みは間接的にメンバーのリーダーシップ育成にもつながると考えられる。

❖考えてみよう

　自分がかかわる組織において効果的なリーダーシップを発揮するには，どのようなことに気をつければよいだろうか。自分の長所や短所，組織の特徴などの観点から考えてみよう。

📓 もっと深く，広く学びたい人への文献紹介

Karen, L. (2008). *Leadership development basics*. Alexandria, VA: ASTD Press.
　　（カレン, L.　永禮 弘之（監修）長尾 朋子（訳）(2013). リーダーシップ開発の基本——効果的なリーダー育成プログラムを作る——　ヒューマンバリュー）
　　☞本書はリーダーシップ開発の設計，実施，および効果測定の方法について具体的なツールとともに紹介している実践的なテキストである。

McCauley, C. D., Moxley, R. S., & Velsor, E. V. (1998). *The center for creative leadership handbook of leadership development*. San Francisco, CA: Jossey-Bass.
　　（マッコーレイ, C. D., モクスレイ, R. S., & ヴェルサ, E. V.　金井 壽宏

（監訳）嶋村 伸明（訳）（2011）．リーダーシップ開発ハンドブック　白桃書房）

☞本書は代表的なプログラムに加え，日常の職業生活の中で実践できるリーダーシップ開発の方法および今後の課題について紹介している。

引用文献

Bass, B. M.（1985）. *Leadership and performance beyond expectations.* New York: Free Press.

Burns, L. M.（1978）. *Leadership.* New York: Haper & Row.

Dansereau, F., Graen, G. B., & Haga, W.（1975）. A vertical dyad linkage approach to leadership in formal organizations. *Organizational Behavior and Human Performance, 13,* 46-78.

Epitropaki, O., & Martin, R.（2004）. Implicit leadership theories in applied stings: Factor structure, generalizability, and stability over time. *Journal of Applied Psychology, 89,* 293-310.

Fiedler, F. E.（1967）. *A theory of leadership effectiveness.* New York: McGraw-Hill.

（フィードラー，F. E.　山田 雄一（監訳）（1970）．新しい管理者像の探求　産業能率短期大学出版部）

古川 久敬（1979）．管理職による職場管理目標の設定過程とリーダーシップ行動　実験社会心理学研究, *19,* 15-24.

Graen, G. B., & Uhl-Bien, M.（1995）. Relationship-based approach to leadership: Development of leader-member exchange（LMX）theory of leadership over 25 years: Applying a multi-level multi-domain perspective. *Leadership Quarterly, 6,* 219-247.

Green, S. G., & Mitchell, T. R.（1979）. Attributional process of leadership in leader-member interactions. *Organizational Behavior and Human Performance, 23,* 429-458.

Greenleaf, R. K.（1977）. *Servant leadership.* South Orange, NJ: the Robert K. Greenleaf Center.

（グリーンリーフ，R. K.　金井 壽宏（監訳）（2008）．サーバントリーダーシップ　英治出版）

Heifetz, R. A., Linsky, M., & Grashow, A.（2009）. *The practice of adaptive leadership: Tools and tactics for changing your organization and the world.* Watertown: Harvard Business Revie Press.

（ハイフェッツ，R. A.・リンスキー，M.・グラショー，A.　水上 雅人（訳）（2017）．最難関のリーダーシップ――変革をやり遂げる意志とスキル――

英治出版）

Hersey, P., & Blanchard, K. H.（1969）. *Management of organizational behavior: Utilizing human resources.* Upper Saddle River, NJ: Prentice Hall.

Hersey, P., & Blanchard, K. H.（2012）. *Management of organized behavior: Leading human resources*（10th ed.）. Oxford, UK: Blackwell.

House, R. J.（1971）. A path goal theory of leader effectiveness. *Administrative Science Quarterly, 16,* 321-339.

池田 浩（2009）. リーダーシップ　産業・組織心理学会（編）　産業・組織心理学ハンドブック（pp. 208-211）　丸善

Kelley, R. E.（1992）. *The power of followership.* New York: Doubleday Business.

Mehra, A., Smith, B. R., Dixon, A. L., & Robertson, B.（2006）. Distributed leadership in teams: The network of leadership perception and team performance. *The Leadership Quarterly, 17,* 232-245.

三隅 二不二（1984）. リーダーシップ行動の科学　改訂版　有斐閣

Stogdill（1948）. Personal factors associated with leadership: A survey of literature. *The Journal of Psychology, 25,* 35-71.

Stogdill（1974）. *Handbook of leadership.* New York: Free Press.

Yukl, G.（1989）. Managerial leadership: A review of theory and research. *Journal of Management, 15,* 251-289.

第 6 章　職場の人間関係
──人と人とをつなげて組織を支えるもの

竹 田 龍 二

　臨床において職場の人間関係を扱うということは，アセスメントや介入の対象単位を「個人」から「集団や組織」へとシフトすることである。

　そのためには，人と人との関係性をシステムとしてとらえなおす，つまり因果関係から離れて相互作用に注目することが必要になってくる。

　本章では，心理職（公認心理師）を目指す者が，働く人にとって良くも悪くも大きな影響を与える職場の人間関係に関心を示し，アセスメントや介入の対象とするための基本的な知識を押さえておくことを目的とする。

1　グループ・ダイナミックス

　グループ・ダイナミックス（集団力学，集団力動）とは，家族，職場，組織，コミュニティなどの様々な集合体を研究対象とする学問である。集合体という概念には人間だけでなく，人間にとっての環境（物的環境と制度的環境）も含まれている。したがって，生き物のように変化する集合体の動き（動態）や集合体特有の性質を扱うものである（杉万，2013）。

　職場の人間関係について考える場合，かつてレヴィン（Lewin, K.）が「場の理論」で指摘したように，個人の特性と集団の環境がお互いに影響を与え合いながらともに変化していく**相互作用**という視点が重要になる。

1-1　システムズアプローチ

　人間関係の相互作用とその変化に注目した心理療法として**システムズアプローチ**が挙げられる（東，1993；吉川，1993）。この心理療法の考え方の背景となる理論は，職場という人間の集団を，自律性をもった有機的なシステムとして理解していくことにつながり，組織を理解する上でも臨床的な介入を検討する上でも有用であると考えられる。

　吉川（2009）はシステムズアプローチの基礎として「システムへの着目」「コミュニケーション公理の積極的活用」「サイバネティクス認識論」の三つの特徴を挙げてまとめている。職場の人間関係の理解に必要な視点としてこれらの理論の要点を紹介する。

1-2　システム・サイバネティクス理論

　組織を環境との相互作用を想定した，有機的な開放システムとして理解するものの見方を**オープン・システム**という。会社組織も生き物と同じように，つねに活動しながら自己生成し，形態を変えながら変化し続けていると考える。

　組織システムを理解したり介入したりする際には，システム全体と構成要素であるサブシステムが相互作用を通して有機的につながっていると考えることは有用である。

　たとえば，組織全体の変化の影響を，その組織に所属している限り避けられないのと同じように，組織の一部分の変化が発端となって，組織全体の変化につながっていくことがあると考える。組織のイノベーションが起こるときには，一部の労働者や部署が発端となることはよくあることである。

　次に，サイバネティクスとは，システム全体を一定の循環性をもった一つの回路として理解する考え方である。ここでは長谷川（1987）が，自己制御性と自己組織性とよんだ二つの性質を紹介する。まず自己制御性とは，外部環境からの刺激に対してシステム内を変化させて一定の状態（まとまり）を維持しようとする性質であり，代表的な考え方に**ホメオスタシス**（**恒常性**）がある。一方で，自己組織性とは，外部環境の変化があまりにも激しい場合にはシステム

自体を変化させて生き残ろうとする性質である。

　たとえば経営環境の激しい変動に対して会社組織が生き残りを図ったときに，経費削減や人員整理といった組織の構造を保った上での変化を中心とする対策は，自己制御的な対応といえるだろう。一方，資本業務提携による事業の統合や不採算部門の売却や業態の転換といった組織の構造そのものの変化を目指した場合は，自己組織的な対策といえるだろう。

1-3　コミュニケーション理論

　家族療法では出来事を，原因―結果という直線的な因果関係で理解するよりも，出来事と出来事との間の関係性やつながり方を重視する。これを**円環的認識論**と呼ぶ。

　コミュニケーションの相互作用という場合，やりとりされる具体的な意味内容やその因果関係ではなく，文脈を重視した「ものの見方」をする。この文脈とは，メッセージの送り手と受け手の双方の行動に影響を与えるもので，背景となる人間関係やかかわり方（の枠組み）によってメッセージの意味自体が変わってくることを指す。

　管理者が，常識外れの言動を繰り返す新入社員を評価するときに「彼はうちの部署が始まって以来の逸材だ」と話した場合，その意味を字義通りに「優秀だ」と理解する人は少なく，背景となる文脈を読んで「困った社員だ」と受け取るだろう。ただし文脈によっては，字義通りの優秀な社員だという意味を含めて話している場合もまれにある。したがって，職場の人間関係を理解するときには話される内容だけでなく，それが話された文脈も意識して確認することが必要だといえる。

1-4　組織システムへの介入

　家族療法では，観察者がシステムの一部として自分自身の影響も含めた上で，一つのシステムとして記述される「観察しているシステム」という立場がある。その立場からみた家族システムの変化は，相互に対等で協働的なプロセスとし

てとらえられる（楢林，2008）。この考え方は，グループ・ダイナミックスの研究スタンスにもつながっており，研究者が現実の集合体の中に飛び込み，現場の当事者とともに現場を改善・改革していくという当事者と研究者による共同的実践が特徴である（杉万，2013）。

　また，吉川（2009）は，観察者は組織とのやりとりをしつつも，同時に自らを含めた対象全体を観察対象とするメタレベルの視点をもつことが要求されると述べている。これは組織システムへの介入についても同様で，ある部署の状況を知るためにヒアリングをすること自体が，相互作用による影響をお互いに及ぼすことは避けられない。しかし，観察者が受ける印象やそこでのやりとりそのものが有益な情報であり，また介入の手段ともなり得ることに留意しておくとよい。

2　コミュニケーション

2-1　コミュニケーションから理解する集団の特性

　吉川（2009）は，人間関係が生じている集団の特性を把握するためには，その組織において日常的に行われているコミュニケーションの相互作用やコミュニケーション・パターンに着目することが不可欠であると述べている。ここでのコミュニケーションとはすべての行動が対象となっており，言語的コミュニケーションだけでなく非言語的コミュニケーションも含まれる。また，送り手と受け手との双方向の情報交換であり，言葉の意味以外にも多くの情報を交換しながら相互に影響を与え続けていくやりとりである。

　次に**コミュニケーション・パターン**について中野・吉川（2017）は，特定のコミュニケーションの相互作用が繰り返されることで形成される，かかわる人やものとのつながり方・かかわり方となる特殊な相互作用のことだと述べている。これを会社組織において考えると，**組織文化**や**組織風土**（第1章3-1参照）とよばれるものになるだろう。つまり，職場の人間関係におけるコミュニケーションや，組織システムの中で繰り返し行われているコミュニケーション・パ

ターンを理解することが，職場という組織のアセスメントや介入につながると
考えていく。

2-2　集団の意思決定

　組織には集団としての意思決定を行うコミュニケーションの場があり，会社
の中では規模の大小はあるが，通常は会議がそれにあたる。一般的に会議が行
われる目的としては，①情報の共有（個人が得た情報を効率的に蓄積し，参照可
能な形で共有し，経験や知識として組織活動に活用していくこと），②良質な意思
決定（目標を達成するために，複数の選択可能な代替的手段の中から最適なものを
選ぶこと），および③民主的な話し合い（対立した意見について，公正な手続きに
よって効率的にできるだけ多くの人の意思を反映させた合意を形成すること）の三
つがある。

　職場では，①情報の共有が主な目的であるような日々の実務的な進捗報告や
情報共有がメインのミーティングから，②良質な意思決定が主な目的である会
社の事業戦略や経営方針を決めるような経営会議など，参加者の属性や選ばれ
る議題によって会議に求められる目的の重みづけが異なってくる。さらに株式
会社であれば，社外のステークホルダー（利害関係者）である株主も参加する
株主総会では，会社の基本的な方針や重要事項を決定するために③民主的な話
し合いも含めた①②③のすべてが求められるだろう。

　しかし，ウィーン会議の議事が進行しないことを風刺した「会議は踊る，さ
れど会議は進まず」という言葉にあるように，諸般の事情によりその場に用意
された会議の目的が達成されないことはけっして珍しいことではない。その理
由として社会心理学的には集団バイアスが生じることが挙げられる。いわゆる
集団のコミュニケーション・パターンだともいえるだろう。

　ここでは三沢（2016）が整理した，集団の意思決定によく起こりがちなバイ
アスを会議の目的ごとに分類して紹介する。まず，①情報の共有として，共有
情報バイアスを挙げる。事前にメンバー全員が知っている情報（共有情報）は，
少数のメンバーのみが知っている情報（非共有情報）よりも多くの時間を割い

て議論されやすい。その結果，話し合いで非共有情報が無視され，すべての情報を考慮すれば到達できたはずの最適な判断にはいたらず，誤った意思決定を下してしまう現象である（三沢，2016）。次に，②良質な意思決定では**集団思考**（**集団浅慮**ともいう）が挙げられる。これは集団で話し合うことで個人が考えるよりも意思決定の質が落ちてしまう現象である。三沢（2016）はジャニス（Janis, 1982）の研究を引用し「凝集性の高い集団に深く関与する人びとが，行動選択肢を現実的に評価しようとする動機づけよりも，全員の合意を得る努力を優先した場合に用いる拙速で安易な思考様式」と定義している。最後に，③民主的な話し合いでは**集団極性化**（**集団分極化**ともいう）が挙げられる。これは集団で話し合って出した決定が，個人の平均的な意見よりも極端な方向へ変化する現象である。リスクの高い決定に傾くことをリスキーシフトといい，リスクの少ない安全な方向へ傾くことをコーシャスシフトという。

　このように多くの集団バイアスがあるのにもかかわらず，それでも会議を行うことの意義として，田原（2015）は過去の研究を概観し「関係者が決定に参加することで納得して決定事項を受け入れやすくなること，また話し合うことにより生まれる連帯意識によって決定事項を行動に移しやすくなること」と述べている。

　会議は組織の意思決定機関であり，表面上のプロセスは目に見えて描写しやすく，より合理的で一般理解に沿う形で進んでいくという点で社会学的だといえる。しかし水面下では，目に見えにくく描写しづらい，非合理的な感情が影響してくることも多く，個人の心の動きを扱う臨床心理学的理解が役に立つこともある。そのため水面下で起こっている無意識のプロセスを分類・整理することによって，そこで何が起こっているかを把握しやすくなることはもちろんのこと，心理職が組織にかかわる際に，何を扱い，何を扱わなくてよいのかを考える指針となるだろう。

2-3　職場における葛藤

　職場の人間関係の特徴とは，組織の目標を達成するために分担して仕事を行

う**分業制度**を採用していることである。その中で生産部門や営業部門といった
ヨコのつながりを**水平的関係**といい，上司と部下といったタテのつながりを**垂
直的関係**という。後者は部署（部長）―課（課長）―係（係長）のように階層
化されており，上下関係（権力構造）によって「指示命令する者」と「指示命
令される者」という相補的な関係性にある。

　また水平的関係や垂直的関係は，組織図や社員名簿で客観的に把握できる。
このように形式的な構造をもつ集団を**フォーマル・グループ**という。一方で個
人的な感情によって自然発生的につくられて，形式的な構造がない集団のこと
を**インフォーマル・グループ**という。

　職場の人間関係は，組織の目標を達成するために，お互いが協力し合いなが
ら協調関係を築く必要がある。それと同時に，部署間の利害関係による対立や，
評価や昇進のような出世競争にもなりやすいため，葛藤が生まれやすい。この
ような状況を田原（2015）は，協調関係と競争関係（対立）という互いに矛盾
する関係性が並存し，さらに好き―嫌いといった個人的な感情やインフォーマ
ル・グループの影響なども加わり「なんとなくうまくいかない」とか「いざこ
ざが起こる」といった人間関係の問題が認識されるとしている。

　集団の葛藤はメンバー間の緊張状態を引き起こすため，敬遠されがちである
が，対処することのポジティブな面として，本間（2011）は，①新たな視点へ
の関心，②コミュニケーションの活発化，③問題の顕在化（解決しようとする
意思），④他メンバーへの配慮（相互理解を促す），⑤葛藤解決の仕方（方法）の
学習といった点を挙げて，葛藤が生じたら回避するのではなくあえて関与する
ことも必要だと述べている。

2-4　コンフリクトマネジメント

　ここでは葛藤解決の方法の一つとして，トーマス（Thomas, 2002 園田訳
2015）の**コンフリクトマネジメント**をとりあげる。トーマスは「葛藤場面」を
コンフリクトといい，かかわっている人同士の「懸念事項」（いわゆる「心配
事」よりもっと広い意味をもつ。気にかける事柄・事態）が同じではない状況だと

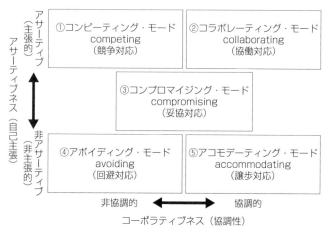

図6-1　五つのコンフリクト対応モード
（出所）Thomas（2002 園田訳 2015）を一部修正して作成

定義している。

　また，コンフリクトへの対応行動の基本的選択肢として，アサーティブネス（自己主張）とコーポラティブネス（協調性）という二つの次元を軸として，その組み合わせで五つのコンフリクト対応モードを提示している。

　なお，**アサーティブネス**とは「他者を尊重しながら自分の懸念事項を解消しようとする度合い」であり，自分のニーズを満たそうとしたり，アイデアへのサポートを得ようとしたりする，適切な自己主張を意味する。

　また，**コーポラティブネス**は「他者と共同しながら他者の懸念事項を解消しようとする度合い」であり，他者のニーズが満たされるように支援したり，他者のアイデアを受け入れようとしたりする，適切な協調性を意味する。

　①コンピーティング・モード（competing：競争対応）：アサーティブかつ非協調的な対応方法である。他者の犠牲の下に，自分の懸念事項を解消しようとする。

　②コラボレーティング・モード（collaborating：協働対応）：アサーティブかつ協調的な対応方法である。両者の懸念事項が完全に解消されるような，双方にとって利益のある win-win の解決策を見出そうとする。

③コンプロマイジング・モード（compromising：妥協対応）：アサーティブ，協調性ともに中程度の対応方法である。両者の懸念事項を部分的に解消するような，受容できる解決を見出そうとする。

④アボイディング・モード（avoiding：回避対応）：アサーティブでも協調的でもない対応方法である。どちらの懸念事項も解消することなく，コンフリクトを回避しようとする。

⑤アコモデーティング・モード（accommodating：譲歩対応）：非アサーティブで協調的な対応方法である。自分の懸念事項を犠牲にして，他者の懸念を解消しようとする。

　この葛藤解決の方法では，双方にとって win-win になるようなコラボレーティング・モード（協働対応）をつねに目指さなくともよいとしている。つまり，すべての場面に対応できる万全の対処方法はなく，それぞれの対応モードにあるメリットとデメリットを検討した上で，その場にもっとも適合した選択をしていくことが大事である。

3　チームワーク

3-1　集団の生産性

　職場のチームワークを高める目的は，集団の生産性を高めて組織の課題を達成することである。しかし実際には，仲のよい同僚の存在が励みになってがんばれる場合もあれば，上司の評価や怖い先輩の叱責を意識して緊張したり萎縮したりしてしまう場合もある。前者のように，他者の存在を意識して単独で行うよりも個人の生産性が高まることを**社会的促進**といい，反対に他者の存在を意識することで生産性が低くなってしまうことを**社会的抑制**という。一般的には，単純な課題やよく慣れている課題では社会的促進が起こりやすく，複雑な課題や慣れない課題では社会的抑制が起こりやすいといわれている。

　また，集団の生産性は他者の存在だけでなく，メンバー間の相互作用や集団作業の性質によっても大きく影響を受ける。集団の生産性について，スタイナ

ー（Steiner, 1972）の定式を拡張した本間（2011）によると，実際の集団生産性は，潜在的な集団の生産性から，相互作用によるマイナスの要因であるプロセス・ロスを引いて，プラスの要因であるプロセス・ゲインを加えて「実際の集団生産性＝潜在的な集団の生産性－プロセス・ロス＋プロセス・ゲイン」と示している。

プロセス・ロス

プロセス・ロスが生じる主な理由として三沢（2016）は，相互協調の失敗と動機づけの低下を挙げている。相互協調の失敗とは，メンバー間で活動の調整に失敗し個々の努力が集団の成果に反映されにくくなることを指す。

一方，動機づけの低下とは，**社会的手抜き**として知られている。個人は単独で課題を遂行する場合にくらべて，集団で課題を遂行する際には責任が薄まり，努力を低下させる。周囲に頼って自分が貢献しなくてもよいと認知することで動機づけが低下することを**フリーライダー効果**といい，周囲が自分に頼って貢献していないと認知することで動機づけが低下することを**サッカー効果**という。

プロセス・ゲイン

メンバー間の相互作用によって，個々人の能力・技術にもとづく潜在的な力を上回る水準の集団成果が生まれることを，**プロセス・ゲイン**という。動機づけのプロセス・ゲインとして，対照的な社会的補償とケーラー効果を紹介する。

社会的補償とは，重要な課題に取り組む際，協働する他のメンバーの能力や動機づけが低いと感じられた場合，集団全体の成果向上のために単独作業を上回る努力を払う現象である（三沢，2016）。また，**ケーラー効果**とは集団内で他よりも能力の劣るメンバーが，自分の能力の低さを補おうとして，単独で課題遂行をするよりも，より大きな努力を払う現象である（三沢，2016）。

以上のことから，集団生産性を高めていくことは，プロセス・ロスを減らして，プロセス・ゲインを最大化することといえる。

3-2　チームワークを高める活動

まず，チームの活動をモーガンら（Morgan, Salas, & Glickman, 1993）は，タ

スクワークとチームワークに分類している。**タスクワーク**とは，メンバーが個別に行う作業や課題（道具や機械の操作を含む）のことで，個人で完結する活動となっている。一方，**チームワーク**とは，メンバー間でコミュニケーションをとって情報交換したり，お互いにサポートし合ったりする対人的な相互交流の活動である。

　また，チームワークに備わっているべき要素として，山口（2008）は，①達成すべき明確な目標の共有，②メンバー間の協力と相互依存関係，③各メンバーに果たすべき役割が割り振られていること，④チームの構成員とそれ以外との境界が明確であることの四つにまとめている。

　このチームワークを高めるための活動としては，チームデザインとチームビルディングに分けて考えると整理しやすい。山口（2008）の定義によると，**チームデザイン**とは，チームの目標を設定し，メンバーの役割分担を行い，課題遂行の手順やルールを決めて，適切な人材を集めるところまでを意味している。この活動の背景には優れたチーム設計をしておけば，チームによる活動が継続される中で，自発的に良好なチームワークが形成され発達するという考え方がある。

　それに対して，**チームビルディング**とは，山口（2008）によればメンバー間で円滑な相互作用が行われるように刺激したり，効果的なリーダーシップが発揮されるように教育を行うなど，チームワークに備わっているべき要素（前述の4要素）を満たすために様々な働きかけを行うとりくみのことをいう。これは，チームが目標とする力量を備えた存在に成長するまでを見届けるアプローチで，組織開発における人的要因に対する介入手段の一つである。具体的には，親睦を深めるための社内イベントや社員旅行，部署やチーム内の飲み会といった体験の共有，階層別研修といった社内研修やチームビルディングそのものに焦点をあてた研修や合宿，社内の定例ミーティングや社外で行うオフサイトミーティングといった職場内での継続的なコミュニケーションの場などが挙げられる。

　またチームワークの向上がメンタルヘルス問題の予防・改善につながるとい

う考え方も広まってきており，ストレスチェック制度（第11章参照）における
職場環境改善活動は広い意味ではチームワークを高める活動といえる。

3-3　チームの連携を高める視点

　ここではチームの連携がうまくいっている状態を「チーム活動に関する知識
を共有することで信頼関係が生まれること」と定義する。この信頼関係とは，
同じ知識を共有したとお互いが認識し合うことで生まれる安心感といってもよ
い。この安心感に支えられてチームメンバー間の交流が活発になる。

　そこで知識の共有に関してキーワードとなる二つの概念を紹介する。まず，
共有メンタルモデル（Cannon-Bowers, Salas, & Converse, 1993）である。これは，
チームの課題，作業手順，役割や責任などについて，メンバー間で共有された
知識である。この知識が共有されている程度が高いほど，メンバーは互いの行
動を予測し，円滑に協調して課題を遂行できる。つまり，役割の相互理解に関
する知識で「誰が何をできるのか」の共通認識といえる。野球チームで考える
と，チームプレーが上達するためには，自分のポジションだけでなく，他の八
人分のポジションの役割と動き方の理解を深めて，それをチームメンバー間で
共有する作業が必要になる。

　もう一つは，**トランザクティブ・メモリー・システム**（Moreland, 2006；
Peltokorpi, 2008）である。これは対人交流のネットワークに関する知識のこと
で，いわゆる「顔が広い」とか「事情通」という言葉を考えるとイメージしや
すい。「他者の知識に関する知識」といったメタ視点を含んでおり，「誰が何を
知っているのか」に関する共通認識ともいえる。医療チームといった専門職集
団で考えると，チームの中に心理職がいるだけではすぐに積極的な活用につな
がらない。チームに心理職の長所や専門性に関する共通認識が成立することで，
はじめて情報交換と相互協調が促進される。つまり，トランザクティブ・メモ
リー・システムとは，他者の知識を効率的に活用できる集合的な記憶様式のこ
とである。

　まとめると，共有メンタルモデルが知識の「共有」状態を反映するのに対し，

トランザクティブ・メモリー・システムは知識の「分有」状態を表している。一見すると両者は相反するように思えるが，必ずしも矛盾はしない。課題遂行の目的，計画，手続きなどの基本知識は，チーム内の全員で共有すべきだが，役割や専門性に特化した知識はそれを担うメンバーに分有されていた方が効率的である（三沢，2016）。

❖考えてみよう

　チームの連携について，本章では「誰が何をできるのか」「誰が何を知っているのか」の共通認識がお互いの信頼感につながると定義した。これにもとづき，あなたが所属するチームの課題や作業手順を明確にしてみよう。その上で，自分やチームメンバーの役割や責任の範囲などについて，わかりやすい言葉で説明できるように整理してみよう。

もっと深く，広く学びたい人への文献紹介

熊平　美香（2008）．チーム・ダーウィン――「学習する組織」だけが生き残る――　英治出版
　☞一般書ではあるが，チームや組織が変わっていくプロセスを体感できる良質な物語である。読み終わった後には，気づきや対話，相互作用，価値創造への関心が高まっているだろう。

中野　真也・吉川　悟（2017）．システムズアプローチ入門――人間関係を扱うコミュニケーションの読み解き方――　ナカニシヤ出版
　☞この心理療法の「ものの見方」は職場の人間関係の理解から日常生活にわたるまで，幅広い応用の可能性があると考えられる。

引用文献

Cannon-Bowers, J. A., Salas, E., & Converse, S.（1993）. Shared mental models in expert team decision making. In N. J. Castellan（Ed.）, *Individual and group decision making: Current issues*（pp. 221-246）. Hillsdale, NJ: Lawrence Erlbaum Associates.

長谷川　啓三（1987）．家族内パラドックス　彩古書房

東　豊（1993）．セラピスト入門――システムズアプローチへの招待――　日本評論社

本間　道子（2011）．集団行動の心理学――ダイナミックな社会関係のなかで――　サイエンス社

Janis, I. L. (1982). *Group think: Psychological studies of policy decisions and fiacoes* (2nd ed.). Boston, MA: Wadsworth.

三沢 良 (2016). 組織と集団過程　北村 英哉・内田 由紀子 (編)　社会心理学概論 (pp. 197-207)　ナカニシヤ出版

Moreland, R. L. (2006). Transactive memory: Learning who knows what in work groups and organizations. In J. M. Levine & R. L. Moreland (Eds.), *Small groups* (pp. 327-346). New York: Psychology Press.

Morgan, B. B., Salas, E., & Glickman, A. S. (1993). An analysis of team evolution and maturation. *Journal of General Psychology, 120,* 277-291.

中野 真也・吉川 悟 (2017). システムズアプローチ入門――人間関係を扱うコミュニケーションの読み解き方――　ナカニシヤ出版

楢林 理一郎 (2008). システム・サイバネティクス　日本家族研究・家族療法学会 (編)　家族療法テキストブック (pp. 28-31)　金剛出版

Peltokorpi, V. (2008). Transactive memory systems. *Review of General Psychology, 12,* 378-394.

Steiner, I. D. (1972). *Group process and productivity.* New York: Academic Press.

杉万 俊夫 (2013). グループ・ダイナミックス入門――組織と地域を変える実践学――　世界思想社

田原 直美 (2015). 職場のコミュニケーションと人間関係　柳澤 さおり・田原 直美 (編著)　はじめて学ぶ産業・組織心理学入門 (pp. 85-104)　白桃書房

Thomas, K. (2002). *Introduction to conflict management: Improving performance using the TKI.* CPP, Inc.
　　(トーマス, K.　園田 由紀 (訳) (2015). コンフリクトマネジメント入門――TKI を用いたパフォーマンス向上ガイダンス――　JPP, Inc.)

山口 裕幸 (2008). チームワークの心理学――よりよい集団づくりをめざして――　サイエンス社

吉川 悟 (1993). 家族療法――システムアプローチの「ものの見方」――　ミネルヴァ書房

吉川 悟 (2009). システム論からみた援助組織の協働――組織のメタ・アセスメント――　金剛出版

第7章　職業性ストレスとメンタルヘルス
——働く人のストレスとの 付き合い方を理解する

田　丸　聡　子

> 　ストレス学説を唱えたセリエが「ストレスは人生のスパイス」と述べたように，困難を乗り越える経験は，達成感や成長をもたらす。しかし，問題が大きすぎたり，解決するための助けや方法がないと，疲労感や絶望感をもたらし，ひいては健康にも影響が出る。本章では，まず，ストレスとは何か，とりわけ仕事に関連するストレスの考え方（モデル）をおさえた上で，職場のストレス要因とメンタルヘルスの問題の現状を把握し，ストレスの予防とマネジメントを，個人・職場・組織全体それぞれのレベルでまとめる。個人・職場・組織全体に働きかける心理職（公認心理師）として，複数のレベルの視点をつねにもっておこう。

1　ストレスとは

1-1　ストレスの概念

　元来**ストレス**とは，外からの圧力によって，圧力をかけられた物体に「ひずみ」が生じることを意味し，物理学や工学の領域で一般化された言葉である。私たちの身体にも，生命を維持して様々に変化する環境に適応するために，つねに生体内部の平衡状態を維持しようとする働きがあるが，何らかの外的・内的な原因によってこの平衡状態が保てなくなると，生体には様々な心身の反応が生じる。こうした生体の「ひずみ」状態をストレスとよぶ。

　ストレスという言葉は曖昧で，日常生活では使い方がまちまちだが，現在の

ストレス研究では三つの要素に分けて用いられる（丸山，2015；川上，2017）。①ストレスを生じさせる刺激である「**ストレッサー**」，②ストレッサーによって生じた心身の影響である「**ストレス反応**」（または**ストレイン**），③ストレスの過程をやわらげたり，悪化させたりする「**ストレスの修飾要因**」の三つである。たとえば，“新しい仕事を不安に感じる・動悸がする”という状態があるとしたら，「新しい仕事」という刺激がストレッサー，それによってわいてきた「不安」「動悸」という心身の反応がストレス反応である。強いストレッサーが長期間続くと，ストレス反応が生じやすい。しかし，その間の修飾要因として，助言をしてくれる上司や話を聞いてくれる家族がいると，ストレス反応がやわらぐ。

　また，ストレスという言葉は有害で悪影響を及ぼすという印象が強い。しかしじつはストレスの内容は多様で，悪いストレス（distress）と良いストレス（eustress）がある。悪いストレスは，人を心身の不調に追いやり，良いストレスはモティベーションを高め，**レジリエンス**（回復力）の強化にもなる（丸山，2015）。

1-2　ストレス理論

生理学的ストレスモデル

　ストレスという用語をはじめて生物学に導入したのは，カナダの生物学者セリエ（Selye, H.）である。セリエ（Selye, 1936）は動物実験の結果から，疾病，寒冷，温熱，外傷，心理的苦痛，過激な運動など，原因が何であれ共通して三つの非特異的な生体反応（副腎皮質の肥大，胸腺リンパ系の萎縮，腸内潰瘍の形成）が生じることを見出した。彼はこの反応を「**汎適応症候群**」と名づけた。

　汎適応症候群は時間を追って３段階に区分される。まず，ストレッサーに遭遇した直後に一時的に抵抗力が下がるが，やがて体内の生体機能が整うと，平常時より抵抗力が高まる（警告反応期）。それ以降しばらくの間，抵抗力が維持され，目立った症状は消えて表面的には適応がよい状態が続く（抵抗期）。しかしその後もストレッサーが除去されないと，やがて抵抗力が激減する（疲弊

期）。

ライフイベント型ストレスとデイリーハッスルズ

　日常生活の中で経験する出来事で，それが起きると，個人に新しい適応行動や対処行動を必要とし，それまでの生活に重大な変化をもたらす出来事をストレスフルな**ライフイベント**とよぶ。たとえば，新しい職場に配属され，新しい人間関係や仕事になじむまでにはストレスを経験するといったことがそうである。ホームズ（Holmes, T. H.）とレイ（Rahe, R. H.）による「社会的再適応評価尺度」に関する研究では，ライフイベントを経験したあとで，もとの生活に戻るためにどのくらいの時間やエネルギーが必要かという点から，結婚を基準としてストレス強度の標準化を試みた（Holmes & Rahe, 1967）（表7-1）。

表7-1　社会的再適応評価尺度

	生活の出来事	ストレスの評価点		生活の出来事	ストレスの評価点
1	配偶者の死	100	23	子どもが家を去っていく	29
2	離婚	73	24	しゅうと（め）とのいさかい	29
3	夫婦の別居	65	25	優れた実績をあげる	28
4	刑務所などへの拘留	63	26	妻の就職，復職，退職	26
5	近親者の死	63	27	本人の復職，卒業	26
6	本人の怪我や病気	53	28	生活条件の変化（家の改新築，環境悪化）	25
7	結婚	50			
8	失業	47	29	生活習慣を変える（禁煙など）	24
9	夫婦の和解	45	30	職場の上司とのトラブル	23
10	退職や引退	45	31	勤務時間や勤務条件の変化	20
11	家族が健康を害する	44	32	転居	20
12	妊娠	40	33	学校生活の変化	20
13	性生活がうまくいかない	39	34	レクリエーションの変化	19
14	新しく家族のメンバーが増える	39	35	教会（宗教）活動の変化	19
15	合併・組織変更などの勤務先の大きな変化	39	36	社会活動の変化	18
			37	1万ドル以上の抵当	17
16	経済状態の変化	38	38	睡眠習慣の変化	16
17	親友の死	37	39	家族・親類の集まりの回数の変化	15
18	職種替えまたは転職	36	40	食習慣の変化	15
19	夫婦の口論の回数の変化	35	41	休暇	13
20	1万ドル以上の抵当（借金）	31	42	クリスマス	12
21	抵当流れまたは借金	30	43	ちょっとした法律違反	11
22	仕事上の責任の変化	29			

（出所）Holmes & Rahe（1967）

　一方，ラザルス（Lazarus, R. S.）らは，配偶者の死や失業といったライフイベントは，誰もが日常生活の変化によって健康を害しうると指摘した。こうしたライフイベントのようなたまにしか起こらない出来事だけでなく，むしろ体重に関する心配，家の維持管理，交通渋滞などの日常のちょっとした，比較的頻繁に経験するいらだちごと（**デイリーハッスルズ**）に対する人それぞれの感じ方こそが心理的ストレスの本質だと考えた（Kanner, Coyne, Schaefer, & Lazarus, 1981）。

心理学的ストレスモデル

　同じストレッサーに直面しても，それに圧倒されて強いストレス反応を示す人もいれば，あまりストレス反応を示さずに問題を解決する人もいる。このような個人差はなぜ生じるのだろうか。ラザルスとフォルクマン（Folkman, S.）は，環境と個人の相互作用のプロセスとしてストレスをとらえるべきとする心理的ストレスモデルを提案した（Lazarus & Folkman, 1984 本明・春木・織田訳 1991）。彼らによると，ストレス反応は刺激があれば必ず生じるというものではない。その刺激が個人にとってどの程度脅威的か（**一次的評価**），その状況に対応できるか（**二次的評価**）という二つの評価のプロセスがあり，その結果として，不安になったり意欲が生じたり，その両方が生じたりする。そして，ストレスフルな状況と評価されると，その状況をうまく扱うための認知的・行動的な努力が行われる。これを対処（**コーピング**）とよぶ。ラザルスの理論では，対処は大きく２種類に分けられる。積極的に問題を解決するための具体的な方

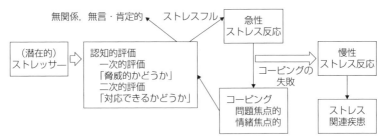

図7-1　ストレスの心理学的モデル

（出所）Lazarus & Folkman（1984 本明・春木・織田訳 1991）；丸山（2015）より作成

策を考える**問題焦点的コーピング**と，問題によって生じる情動的な苦痛を低減する**情緒焦点的コーピング**の二つである。対処がうまくいかないと，ストレス反応は悪化・慢性化し，その人の健康や生活に悪影響を与える（図7-1）。

1-3　職業性ストレスモデル

仕事によるストレスの理解を深めるため，職業性ストレスの代表的なモデルを紹介する。

職業性ストレスの因果関係モデル

クーパー（Cooper, C. L.）とマーシャル（Marshall, J.）は，先行研究のレビューから，職務ストレッサーを原因とし，ストレス反応を結果とする因果関係を想定したモデルを提案した。組織内ストレッサーには，職務そのもの，組織における役割，キャリア発達，仕事における人間関係，組織構造や風土などをあげ，組織外ストレッサーには家庭の問題，人生の危機，財政的困難などをあげた。これらのストレッサーは，個人の特性によっても調整される。このモデルで彼らは，**職務ストレス**を「特定の職務に関連した，ネガティブな環境要因またはストレッサー」（Cooper & Marshall, 1976）と定義し，ストレッサーに注目した。

仕事の要求度―コントロール（―サポート）モデル

カラセック（Karasek, R. A.）は，大きい仕事負荷であっても仕事の裁量権の大きい管理職は健康を保っている者が多いことから，仕事の裁量権が健康に影響を与えると考えた。そこで，仕事の量的負荷，仕事上の突発的な出来事，職場の対人的な問題から構成される仕事の要求度だけでなく，仕事の裁量度（コントロール）との組み合わせによってストレス反応が生じるとする**仕事の要求度―コントロールモデル**を提案した。仕事の要求度の高低と，仕事の裁量度の高低で労働者を4群に分類している（図7-2）。「活動的群」では職務満足感が高く，「高ストレイン群」ではストレス性疾患の可能性が高まる（Karasek, 1979；Karasek & Theorell, 1990）。

さらに，ジョンソン（Johnson, J. V.）とホール（Hall, E. M.）は，カラセック

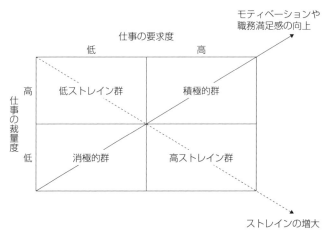

図7-2　仕事の要求度―コントロールモデル
（出所）Karasek（1979）

のモデルに職場のソーシャル・サポートを追加した**仕事の要求度―コントロー
ル―サポートモデル**を提案した（Johnson & Hall, 1988）。仕事の要求度が高く，
コントロールが低く，ソーシャル・サポート（3節参照）が少ない場合に，も
っともストレス性疾患の可能性が高まるとされている。

　NIOSH の職業性ストレスモデル

　NIOSH の職業性ストレスモデルは，アメリカ国立職業安全保健研究所
（National Institute of Occupational Safety and Health：NIOSH）で行われた研究で
示された包括的な仕事ストレスモデルである（Hurrell & McLaney, 1988）（図
7-3）。職場のストレス要因と急性ストレス反応，健康障害との関連を中心に，
その影響を調整する要因として，個人的要因，仕事以外の要因，緩衝要因が含
まれたモデルである。

　努力―報酬不均衡モデル

　シーグリスト（Siegrist, 1996）は，仕事の遂行のために行われる個人の努力
の量と，その結果として得られる報酬との不均衡によってストレス反応が生じ
るとする**努力―報酬不均衡モデル**を提案した。このモデルによると，仕事上の
努力にもかかわらず，その仕事から得られる報酬（他者からの尊重，金銭，キャ

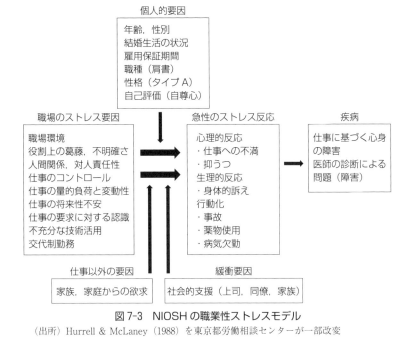

図7-3　NIOSHの職業性ストレスモデル

（出所）Hurrell & McLaney（1988）を東京都労働相談センターが一部改変

リア）が少ない場合，たとえば仕事の責任が重いのに給料が低い，一生懸命仕事しているのに評価されない場合に，ストレス反応が生じやすいと考えられる。

2　職場のストレス要因とメンタルヘルスの問題

2-1　働く人のメンタルヘルスの現状

　仕事によるストレスを感じている人の割合を，厚生労働省は「労働安全衛生調査」で調べている。2017年の結果によると，仕事や職業生活に関することで強いストレスになっていると感じる事柄がある人の割合は58.3%であり，6割近くの人が仕事によるストレスを感じていることがわかる（厚生労働省，2018a）。そのストレスの原因でもっとも多いのが「仕事の量・質」の問題である。次いで「仕事の失敗，責任の発生等」「対人関係（**セクハラ・パワハラを含**

む）」と続く。

　こうした働くことによるストレスや問題がこじれると，精神疾患に発展することもある。「精神障害等に関する事案の労災補償状況」（厚生労働省，2018b）によると，2017年の精神障害等に関する労災の請求件数は1,732件，支給決定件数は506件となり，ともに過去最多を記録している。認定された内訳は，「（ひどい）嫌がらせ，いじめ，または暴行を受けた」が88件，「仕事の内容・仕事量の（大きな）変化を生じさせる出来事があった」が64件の順に多かった。この二つの支給決定件数の内容は，仕事のストレスの原因と重なる部分があり，とりわけ対人関係によるストレスを放置すると精神疾患につながりやすいことから，働く人のメンタルヘルスの不調を個人の疾患ととらえるだけでなく，職場環境との関係の中で理解して援助する必要がある。

2-2　バーンアウトと離職

　職場におけるストレスの反応が個人の内側に向けられた状態に，**バーンアウト**（燃え尽き症候群）がある。バーンアウトは長期間対処されずにいた深刻なストレスによって起こる。その中心となる症状は「情緒的消耗感」である（久保，2004）。空の井戸から水を汲めないように，感情的，精神的に干上がって何も提供できない状態を想像してみてほしい。自分の中にある感情的な資源が枯渇して，やる気を失い，生産力や対処能力が低下する状態をいう。

　とりわけ医療・福祉・教育などの対人援助職は，仕事の性質上，バーンアウトしやすい。人員不足や長時間・不規則な勤務など**過重労働**になりやすく，成果や達成度が見えにくいことも多い。また相手の気持ちを思いやり，感情を適切に管理する感情労働の性質をもつことが多い。ホックシールド（Hochschild, 1983）によると，**感情労働**とは「職務の一部として求められている適切な感情状態や感情表現を作り出すためになされる感情管理」と定義され，よい効果をもたらしうる一方で，感情の不協和が心の健康に悪影響をおよぼしうる。過重労働や感情の不協和が続くと，熱心に仕事をしていた人が急にあたかも「燃え尽きたように」意欲を失って働かなくなり，離転職する場合も少なくない。

　また，職場の**パワーハラスメント**（パワハラ）とバーンアウト，離職との関連も明らかにされている。新卒の看護師を対象とした研究によると，職場のパワーハラスメントを受けることで疲弊感が増し，逃避的になり，職務効力感が低下する可能性がある（Laschinger, Grau, Finegan, & Wilk, 2010）。職場のパワーハラスメントと離職意思との関連を検討したシモンズ（Simons, 2008）によると，パワーハラスメントにさらされるほど，離職意思が高まる可能性が示唆されている。

2-3　職場のうつと自殺

　仕事のストレスに関連して発症する精神障害の代表的なものとしてうつ病がある。米国精神医学会が作成した「精神疾患の診断・統計マニュアル」第5版（DSM-5）（American Psychiatric Association, 2013 髙橋・大野監訳 2014）によると，**うつ病**は，2週間にわたってゆううつな気分が続くか，または物事への興味や関心がなくなる病気である。この他，食欲や体重が減ったり，眠れなくなったり，いらいらしたり，あるいはゆっくりしか活動できなくなったり，疲れやすさや自責感，集中力の低下，死ぬことについて考えるといった症状のいくつかが同時に出現する。職場においてうつ病にいたるまでの過程は人それぞれであるが，多くの場合は，個人側の要因と環境要因がからまりあって発症すると考えられている。松崎（2012）によると，個人要因としては，個人のストレスへの脆弱性が大きく，たとえば遺伝的要素が強い内因性うつ病や，人格が未熟であるために職場ストレスに耐えられなくなるといったことが挙げられる。一方，環境要因としては，労働の過重性，複雑な人間関係，慢性的な**パワーハラスメント**などが挙げられる。

　また，うつ病の症状の一つに「死にたくなる」というものがある。長時間労働による**疲労**や精神的負荷が過度に蓄積したためにうつ病等の精神障害を発症して自殺することもあり，「**過労自殺**」，広義には「**過労死**」とよばれることがある。仕事のストレスは最悪の場合，自殺にもつながりうるため，職場におけるうつ病をアセスメントする際には，症状に影響する個人要因と環境要因の関

連を考えるとともに，自殺の危険性を考えた上で介入を判断する必要がある。

3　ストレスの予防とマネジメント

3-1　個人レベルのストレスコーピング

　働く人のメンタルヘルス不調の予防において，個人のストレスへの対処は重要な位置を占める。個人がストレスと向き合い，ストレッサーそのものを軽減，あるいはストレスを乗り越えるために気持ちを切りかえて，認知的・行動的に対処することを**ストレスコーピング**という（第1節参照）。科学的に効果検証されているものとして，認知行動アプローチやリラクセーションにもとづく技法が挙げられる。認知行動アプローチには，日常的に直面する問題を段階に分けて解決する問題解決法，出来事や刺激の受けとり方を変える手法である認知的再構成，自分も他者も尊重した自己表現方法を目指すアサーショントレーニング（第6章2-4参照），時間の使い方を整理してタスク管理を行う手法であるタイムマネジメントなどがある。リラクセーション技法としては，筋肉の緊張と弛緩を用いてリラクセーションを促す漸進的筋弛緩法や自律訓練法，呼吸法などがある。

　これらの技法に加え，要支援者が適切に支援を求める行動も重要なコーピングである。自分のもつスキルや助け手などのコーピングの資源として活用できる材料のうち，**ソーシャル・サポート**（社会的支援）がもっとも効果的な方法であると田尾（1999）が指摘している。ソーシャル・サポートの定義は様々なものがあるが，久田（1987）によると，「ある人を取り巻く重要な他者から得られる有形・無形の援助」と定義される。その内容は，情緒的（励ましや愛情），道具的（金銭や助力），情報的（情報やアドバイス，評価的（フィードバックや評価））などがある。他者から状況に合ったサポートを受けることはストレッサーの衝撃を緩和し，ストレス反応を軽減するのに役立つ。

3-2　職場レベルのストレス・マネジメント

　職場のストレッサーには，職場の物理化学的環境，人間関係，仕事の質・量，仕事の適性などがある。これらは労働者自身の力だけでは対処できないものもあることから，個人の問題として扱うだけでなく，職場という環境の問題にも注目して扱う必要がある。「労働者の心の健康の保持増進のための指針」（厚生労働省，2006）にもとづく**4つのケア**のうち「ラインによるケア」は，実務を中間管理職者である管理監督者が担う。管理監督者が適切に配慮することで，職場のストレッサーはある程度軽減できるものが少なくない。たとえば，上司が部下の言うことに耳を傾け，適切な助言をすることは，部下の心理的ストレスを軽減し，仕事上の負担を和らげることにつながる。

　管理監督者が職場のストレスを把握し，改善につなげることにいくつかのツールが役立てられている。職場のストレスを数値化する方法としては，「仕事のストレス判定図」が開発されている（川上，2000）。数値化することで，たとえば，私たちの職場では仕事の量が多いが，職場の人間関係はよいというようなことが目に見える形でとらえやすくなる。さらに，職場で実際に行われている職場環境等の改善対策を収集し，まとめた「職場環境改善のためのヒント集（メンタルヘルスアクションチェックリスト）」を活用することで，リストの中から自分の職場にあった対策を選べるようになっている（吉川他，2007）（これら二つのツールはインターネット上で閲覧できる）。

3-3　ワーク・エンゲイジメントを組み込んだ組織全体の活性化

　近年，急速に発展している**ポジティブ心理学**は，産業・組織のメンタルヘルス領域にも影響を与えている。その一つに「**ワーク・エンゲイジメント**」という概念がある。それまでバーンアウトの研究をしていたシャウフェリ他（Schaufeli, Salanova, Gonzalez-Roma, & Bakker, 2002）が，バーンアウトを防いでも必ずしも幸せになるとは限らないと考え，その対立概念として提唱した。活力，熱意，没頭の3要素からなるポジティブで充実した仕事に関連する心理状態である。ワーク・エンゲイジメントが高い人は，仕事にやりがいを感じ，

仕事から活力を得て，元気に燃え尽きることなく一生懸命仕事をし続けられる。

　平成21〜23年度厚生労働科学研究費補助金労働安全衛生総合研究事業「労働者のメンタルヘルス不調の第一次予防の浸透手法に関する調査研究」におけるステークホルダー会議等での検討をふまえ，ワーク・エンゲイジメントなどのポジティブな側面も組み込んだ「職場いきいき健康づくりモデル」が提唱されている（川上，2012）。仕事の負担を改善して，作業レベル，部署レベル，事業場レベルの仕事の資源を高めることで，「心身の健康」を増進するだけではなく，「従業員のいきいき（ワーク・エンゲイジメント）」や「職場の一体感」を高めることにつながることが示されている。つまり，管理監督者が部下に対して部署レベルでの対策をするだけでなく，全社的な取り組み（たとえば，経営層との信頼関係，公正な人事評価など）をすることによっても，従業員のいきいきと職場の一体感が高まり，生産的で活気ある職場が形成されると期待される。

❖考えてみよう

　ストレッサーがあってもストレス反応が起こりにくくなるためには，どのようなことができるだろうか。個人でできること，職場でできること，組織全体でできることに分けて考えてみよう。

📖 もっと深く，広く学びたい人への文献紹介

川上　憲人（2017）．基礎からはじめる職場のメンタルヘルス——事例で学ぶ考え方と実践ポイント——　大修館書店
　☞職場の管理監督者や人事労務担当者などに向けて書かれた本であるが，それゆえ専門的すぎず，働く人のストレスとメンタルヘルス不調についての基礎知識の実践での役立て方を知るのに適している。
丸山　総一郎（編）（2015）．ストレス学ハンドブック　創元社
　☞ストレス学の体系が包括的にわかり，研究や実践上の対応策のヒントを得やすい。職場ストレスとその対策についても詳しく解説されている。

引用文献

American Psychiatric Association (2013). *Diagnostic and statistical of mental disorders* (5th ed). Washington, DC: American Psychiatric Publishing.
（日本精神神経学会（日本語版用語監修）髙橋　三郎・大野　裕（監訳）

（2014）．DSM-5 精神疾患の診断・統計マニュアル　医学書院）

Cooper, C. L., & Marshall, J. (1976). Occupational sources of stress: A review of the relating to coronary heart disease and mental ill health. *Journal of Occupational Psychology, 49*, 11-28.

久田　満（1987）．ソーシャル・サポート研究の動向と今後の課題　看護研究, *20*, 170-179.

Hochschild, A. R. (1983). *The managed heart: Commercialization of human feeling*. Berkeley: University of California Press.
（ホックシールド，A. R.　石川　准・室伏　亜希（訳）（2000）．管理される心――感情が商品になるとき――　世界思想社）

Holmes, T. H., & Rahe, R. H. (1967). The social readjustment rating scale. *Journal of Psychosomatic Research, 11*, 213-218.

Hurrell, J. J., & McLaney, M. A. (1988). Exposure to job stress: A new psychometric instrument. *Scandinavian Journal of Work Environment and Health, 14*, 27-28.

Johnson, J. V., & Hall, E. M. (1988). Job strain, work place social support, and cardiovascular disease: A cross-sectional study of a random sample of the Swedish working population. *American Journal of Public Health, 78*, 1336-1342.

Kanner, A. D., Coyne, J. C., Schaefer, C., & Lazarus, R. S. (1981). Comparison of two modes of stress measurement: Daily hassles and uplifts versus major life events. *Journal of Behavioral Medicine, 4*, 1-39.

Karasek, R. A. (1979). Job demands, job decision latitude, and mental strain: Implications for job redesign. *Administrative Science Quarterly, 24*, 285-308.

Karasek, R. A., & Theorell, T. (1990). *Healthy work: Stress, productivity, and the reconstruction of working life*. New York: Basic Books.

川上　憲人（2000）．「仕事のストレス判定図」の現場における有用性の検討　労働省平成11年度「作業関連疾患の予防に関する研究」労働の場におけるストレス及びその健康影響に関する研究報告書（班長：加藤　正明）(pp. 12-26)

川上　憲人（2012）．厚生労働省厚生労働科学研究費補助金労働安全衛生総合研究事業「労働者のメンタルヘルス不調の第一次予防の浸透手法に関する調査研究」平成21-23年度総合研究報告書

川上　憲人（2017）．基礎からはじめる職場のメンタルヘルス――事例で学ぶ考え方と実践ポイント――　大修館書店

厚生労働省（2006）．労働者の心の健康の保持増進のための指針

厚生労働省（2018a）．平成29年労働安全衛生調査（実態調査）の概況

厚生労働省（2018b）．精神障害等に関する事案の労災補償状況

久保 真人（2004）．バーンアウトの心理学――燃え尽き症候群とは――　サイエ
　ンス社

Laschinger, H. K., Grau, A. L., Finegan, J., & Wilk, P. J. (2010). New graduate
　nurses' experiences of bullying and burnout in hospital settings. *Journal of*
　Advanced Nursing, 66, 2732-2742.

Lazarus, R. S., & Folkman, S. (1984). *Stress, appraisal, and coping.* New York:
　Springer Publishing Company.
　（ラザルス，R. S.・フォルクマン，S.　本明 寛・春木 豊・織田 正美（訳）
　（1991）．ストレスの心理学――認知的評価と対処の研究――　実務教育出
　版）

丸山 総一郎（2015）．ストレス学ハンドブック　創元社

松崎 一葉（2012）．職場におけるメンタルヘルス問題の構造と政策的課題につい
　て　社会政策, *4*(2), 28-40.

Schaufeli, W. B., Salanova, M., Gonzalez-Roma, V., & Bakker, A. B. (2002). The
　measurement and burnout: A confirmative analytic approach. *Journal of*
　Happiness Studies, 3, 71-92.

Selye, H. (1936). A Syndrome produced by diverse nocuous agents. *Nature, 138*,
　32.

Siegrist, J. (1996). Adverse health effects of high effort/low reward conditions.
　Journal of Occupational Health Psychology, 1, 27-41.

Simons, S. (2008). Workplace bullying experienced by Massachusetts registered
　nurses and the relationship to intention to leave the organization. *Advances*
　in Nursing Science, 31, E48-59.

田尾 雅夫（1999）．組織の心理学　新版　有斐閣

東京都労働相談センターホームページ　http://www.kenkou-hataraku.metro.to
　kyo.jp/mental/about/material/niosh.html（2019年12月6日閲覧）

吉川 徹・川上 憲人・小木 和孝・堤 明純・島津 美由紀・長見 まき子・島津
　明人（2007）．職場環境改善のためのメンタルヘルスアクションチェックリ
　ストの開発　産業衛生学雑誌, *49*, 127-142.

第8章　作業と安全衛生
——生産活動にかかわる人を支える

水 島 秀 聡・田上明日香

　労働衛生活動には3管理と呼ばれる活動の柱がある。すなわち，作業環境管理，作業管理，健康管理の三つである。本章は，主に企業で心理職（公認心理師）が活動するにあたり必要な作業環境管理や作業管理に関する知識を提供することを目的としている。具体的には，相談者が置かれている作業環境について，様々な水準でアセスメントを行って，相談者の訴えがどのような作業環境で生じているのかを理解するために，また，労働者が与えられる作業や指示にどういった基準や目的があり，作業の頻度や強度，持続時間，社会的規範がどのように逸脱しているのか検討できるよう，基本的な作業の考え方や安全衛生活動について学ぶ。

1　作業研究（作業能率）と作業に関する健康管理

1-1　古典的作業研究

　19世紀末期のアメリカは，産業革命にともなう大量生産の時代を迎えていたが，当時の経営は，まさに「どんぶり勘定」であった。経営者は企業間競争で製品価格が低下すると，利益が低下するのを嫌って，生産一単位あたりの賃金率を引き下げて調整しようとし，労働者はこれに対抗して組織的怠業を行うことで生産量を自主調整するといった対立をしていた。そのため，労働者と使用者間の納得感のある労働のあり方が求められていた。こうした時代に，雇用主に「限りない繁栄」をもたらし，併せて，働き手の「最大限の豊かさ」につな

がる方法を考えたのが，テイラーとギルブレス夫妻である。

　テイラー（Taylor, F. W.）は，1980年当時の生産現場で一般的であった成り行き任せの管理を作業者や監督者として経験し，その経験から，会社に対する成果を最大限上げつつ，労働者の賃金を上げるための方法として，最終的に**科学的管理法の原理**（The principles of scientific management：Taylor, 1911）をまとめた（序章1-2参照）。テイラーが主張した科学的管理法の原理は，1日の達成すべき作業量（タスク）を管理するため，動作研究と**時間研究**（time study）の二つからタスク設定を行う。動作研究は，熟練者の作業手順を細分化して把握することであり，時間研究は，個々の作業にかかる時間をストップウォッチで計測することである。設定されたタスクは，実施する内容を具体的に明記した指図票を使い，タスクの達成いかんによって賃金の支払いを行う差別的出来高払い制度や職能別職長制度を構築していく。すなわち，作業時間や熟練作業から行うべき作業を明確にし，作業に伴う賃金や職能を具体的に位置づけることを通して，経営者と労働者の間の摩擦を解消しようとしたのである。

　次に，**ギルブレス夫妻**（Gilbreth, F. B. & Gilbreth, L. M.）の**動作研究**（motion study）をとりあげる。夫のギルブレス，F. B. は，建築現場でレンガ積み作業をしている職人たちを観察し，唯一最善の作業方法があると考え，作業者の動作分析の手段を数多く提案し，妻のギルブレス，L. M. は，大学で心理学を学び，疲労研究，応用動作研究をまとめ，最終的に動作のムダをなくす「動作経済の原則」につながる基礎をつくった。

　ギルブレス夫妻の作業分析は，作業者の一連の動作を，探す，摑む，運ぶなどの要素動作（サーブリッグ）に分割し，**サーブリッグ記号**と呼ばれる記号で示しながら，作業の流れを記述し，作業の無駄を省いて，最善の作業方法を見つけだそうとするものである。とくに作業者の作業負荷を減らすことで疲労を軽減し，無駄を省く点において，経営者と労働者双方に利点があると考えられていた。

表 8-1　生産性向上の手段と担当部門

目的		手段	主な担当部門
生産性向上	労務管理的アプローチ	人員の適材配置や人材教育からの改善	人事部門
	工学的アプローチ	設計開発や製品加工技術などの固有技術の改善	製造技術部門
		生産作業過程の効率化改善 （インダストリアル・エンジニアリング：IE）	生産管理部門

(注) IE とは，様々な作業における経営管理の総合的解決を図る工学的なアプローチであり，狭義
には，テイラーの作業研究やギルブレス夫妻の動作研究の流れを応用した作業プロセス改善
のアプローチである。作業の動作要素について，あらかじめ信頼できる個別の標準時間を定
め，全体の標準時間を設定する PTS（predetermined time standard system）法が開発され
ており，さらに PTS 法を発展させたものとして，WF（work-factor plan）法や MTM
（methods-time measurement）法などが提案されている。

1-2　現代の生産管理法

日本経済団体連合会の経営労働政策特別委員会報告（2018）は，労働生産性
向上について，企業規模にかかわらず，業務リストに沿って業務ごとの平均的
な所要時間を「見える化」した上で，各業務の目的に対する達成手法や成果の
現状把握を行い，必要な改善を実施する改善プロセスが重要であると指摘して
おり，現代でも作業改善は経営活動と密接なかかわりをもっているといえる。

生産性の向上には，大きく分けて労務管理的なアプローチと工学的なアプロ
ーチがある。さらに工学的アプローチは，各々の企業がもつ固有技術による製
品改善と，テイラーとギルブレス夫妻の流れを汲む**インダストリアル・エンジ
ニアリング**（IE）の改善によるアプローチ，すなわち生産作業過程の効率化の
改善に分けることができる（表 8-1）。

また，生産性向上は製造業だけに限られた話ではなく，近年ではサービス業
においても，その改善が試みられている。たとえば，レストランにおける 5S
活動やレイアウト変更による動線改善が挙げられる（中村・橋爪，2012）。

→ **1**　5S 活動：整理，整頓，清掃，清潔，しつけのローマ字頭文字をとった職場環境
を改善する基本活動を指す。

1-3　作業や業務に起因する病気と予防管理

職業病とは

　生産管理の発展に加え，機械化はもちろん，ITの活用や新しい化学物質の導入など工程の多様化・複雑化が進む労働環境の変化から，労働者が罹患する疾病も変化している。従来，人間が職業に就くことによって生じる健康障害を**職業病**（Occupational disease）とよんでいる。職業病は，労働基準法（第2章3-1参照）において業務上の疾病と表現され，労働基準法施行規則によってその例が示されている（表8-2）。2013年10月には新たに21疾病が追加されており，新しい医学的知見や疾病の発生状況から随時追加や改正が行われている。

　最近では，疲労蓄積にともなう脳・心臓疾患や精神障害が注目されている。中央労働災害防止協会（2018）によると脳・心臓疾患にかかわる労災補償の支給決定件数は2017年度において253件，精神障害は506件となっており，重大な問題としてとりあげられている。こうした背景を受けて，2014年に**過労死等防止対策推進法**が交付され，翌年には過労死等の防止のための対策に関する大綱が閣議決定された。十分な睡眠時間，または休息時間を確保できないような，長時間労働による疲労蓄積のおそれがある場合の健康対策の強化が求められている。

作業に関連する疾病の予防管理

　職業病を防止していくための労働衛生活動においても，対策順に**作業環境管理，作業管理，健康管理**の三つが活動の柱となる。ここでは，労災疾病でもっとも多い腰痛を例に説明する。2013年に厚生労働省から示された「職場における腰痛予防対策指針及び解説」によると，労働衛生管理体制を整備し，前述の三つの管理と労働衛生教育の総合的かつ継続的に取り組むことが求められている。

　腰痛防止対策の作業環境管理は，作業場の基本的な条件管理として，温度，照明，作業床面，作業空間，振動について調査や対策検討が行われる。とくに作業場の温度や照明，作業空間は，寒冷暴露や明るさが不十分なことによる転倒，つまずきや，作業空間の狭さによる無理な姿勢などが，腰痛発生の誘因と

表8-2　職業病（業務上の疾病）リスト

①業務上の負傷に起因する疾病（業務中のケガ）
②物理的因子による次に掲げる疾病 　　紫外線にさらされる業務による前眼部や皮膚の疾患，高圧室内または潜水作業による潜函病や 　　潜水病，暑熱な場所における業務による熱中症など。
③身体に過度の負担のかかる作業態様に起因する次に掲げる疾病 　　重激な業務による筋肉や腱・骨もしくは関節の疾患，重量物を取り扱う業務や腰部に過度な負 　　担を与える不自然な作業姿勢による腰痛など。
④化学物質等による次に掲げる疾病 　　合成樹脂の熱分解生成物にさらされる業務による眼粘膜または気道粘膜の炎症，アミン系の樹 　　脂硬化剤などにさらされる業務による皮膚疾患，石綿にさらされる業務による良性石綿胸水ま 　　たはびまん性胸膜肥厚など。
⑤粉じんを飛散する場所における業務によるじん肺症またはじん肺法（昭和三十五年法律第三十 　　号）に規定するじん肺と合併したじん肺法施行規則（昭和三十五年労働省令第六号）第一条各号 　　に掲げる疾病
⑥細菌，ウイルス等の病原体による次に掲げる疾病 　　患者の診療や看護・介護の業務もしくは研究等で病原体を取り扱う業務による伝染性疾患など。
⑦がん原性物質もしくはがん原性因子，またはがん原性工程における業務による次に掲げる疾病 　　石綿にさらされる業務による肺がんや中皮腫，電離放射線にさらされる業務による白血病や皮 　　膚がんなど。
⑧長期間にわたる長時間の業務その他血管病変などを著しく憎悪させる業務による脳出血，くも膜 　　下出血，脳梗塞，高血圧性脳症，心筋梗塞，狭心症，心停止（心臓性突然死を含む。）もしくは 　　解離性大動脈瘤またはこれらの疾病に付随する疾病
⑨人の生命にかかわる事故への遭遇やその他心理的に過度の負担を与える事象を伴う業務による精 　　神および行動の障害，またはこれに付随する疾病
⑩前各号に掲げるもののほか，厚生労働大臣の指定する疾病
⑪その他業務に起因することの明らかな疾病

（出所）2019年7月30日時点の労働基準法施行規則をもとに筆者作成

なる。なお，作業場の温度や明るさは，労働安全衛生規則に定期的な測定と管理が義務づけられており，作業場の管理として徹底が求められている。

　次に作業管理は，①重量物を釣り上げる道具や用具の導入による自動化・省人化，②作業台や椅子の高さの調整や，作業中の姿勢指導による作業姿勢改善，③作業標準の策定や腰部に負担になる作業と負担にならない作業，休憩間隔の組み合わせなどの作業実施体制の見直しが行われることが求められている。こうした作業管理は，実際の作業場面でなくては管理が難しいため，現場を指揮・監督する職制や管理職によって指示や改善されることが多い。

　最後に健康管理については，腰部に著しい負担のかかる作業に常時従事する

労働者に対して，当該作業に配置する際およびその 6 か月以内ごとに 1 回，定期的に腰痛の健康診断を実施することが決められている。健康診断では，腰痛の既往歴，自覚症状の有無，脊柱の検査や神経学的検査が行われ，健康診断の結果について医師からの意見を聴取し，必要がある場合は，作業方法の改善や作業時間の短縮，職場配置の変更など就業上の措置を講ずる。このほか，作業開始前，作業中，作業終了後などに腰痛予防体操を実施するケースも多い。

2　労働災害とその対策

2-1　労働災害とヒューマンエラー

労働安全衛生法が制定される1972年以前は，年間5,500件を超えていた死亡労働災害が，現在では900件台の発生となり，長期的には減少傾向にあるものの，依然として死亡や重篤な災害が発生している。こうした状況を背景に，国は1958年から 5 年ごとに**労働災害防止計画**を立案し，施策を進めることが基本となっている。2018年 4 月 1 日からは，第13次労働災害防止計画（13次防）がスタートしている。この計画では，それぞれ2017年比で，労働災害による死亡者数を15％以上の減少，労働災害による死傷者数（休業 4 日以上）を 5 ％以上の減少といった具体的な目標が掲げられている。

では，どのように労働災害を減らしていけばよいのだろうか。厚生労働省の「職場のあんぜんサイト」によると，労働災害の 8 割に人間の不安全な行動が含まれており，多くの災害にヒューマンエラーが関係していることがわかっている。

ヒューマンエラーとは

ヒューマンエラーの定義は，人間工学，認知心理学，システム工学など複数の研究領域で研究され，多様な定義がある。ここでは，日本工業規格 JIS Z8115 ディペンダビリティ（総合信頼性）用語（日本工業標準調査会，2019）の定義をとりあげる。ここでの定義は，「人間が実施するまたは省略する行為と，意図されるまたは要求される行為との相違」である。すなわち，規則や法律，

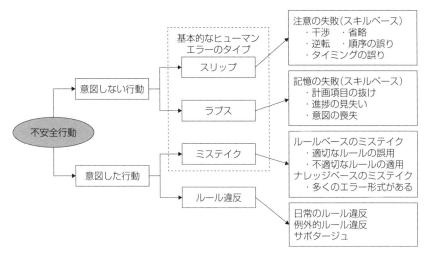

図 8-1　基本的なヒューマンエラーのタイプとルール違反の関係
（出所）Reason（1990 十亀訳 2014）を一部改変して筆者作成

常識，自分がやろうと計画したことなど「やるべきことが決まっている」場面
で，「やってはいけないことをする」あるいは「やるべきことをしない」こと
が結果的に起こった場合にヒューマンエラーとよんでいる。一方，故意に「や
ってはいけないことをする」や「やるべきことをしない」ことは，ルール違反
としてヒューマンエラーとは区別して考えることが一般的である。

ルール違反とヒューマンエラーのタイプ

①ルール違反と不安全行動：芳賀（2000）によれば，ルール違反の中に，あ
えて危険を冒す意図的に取られた不安全行動があり，これは「本人または他人
の安全を阻害する意図を持たずに，本人または他人の安全を阻害する可能性が
ある行動が意図的に行われたもの」と定義されている。産業場面における不安
全行動は，リスク・テイキングな意図的な不安全行動を問題視することが多い。

なお，リーズン（Reason, 1990 十亀訳 2014）は，ヒューマンエラーと不安全
行動の関係を図 8-1 のように整理している。

②計画段階と実行段階の行動に分けた分類：ノーマン（Norman, 1981）は，
エラーとなる一連の行動を，「計画の段階」と「実行の段階」の二つに分け，

計画段階のミスを**ミステイク**（mistake），実行段階の間違いを**アクション・ス
リップ**（action slip 以下，**スリップ**）とよんだ。ミステイクは，計画自体に原因
があるエラーを指し，行動は計画通りに進行したが，計画が不適切であったた
めに望んだ結果を得られない状態である。スリップは，いわゆる「うっかりミ
ス」であり，行動を実行している段階で，実行上の失敗もしくは記憶の失敗，
あるいはその両方により，行動が意図から外れたスキルベースのエラーである。
現在は，実行段階のエラーをさらに短期的な記憶の喪失の**ラプス**（lapse）と注
意力の低下によるスリップに区別している。

　③作業タイプと注意の使用量による分類：ラスムッセン（Rasmussen, 1986
海保・加藤・赤井・田辺訳 1990）は，作業中の注意の使用量が，作業の習熟度
と状況によって異なることに注目し，注意容量に応じて，習熟したルーチン作
業を自動的に行う行動群であるスキルベース（skill-based：SB），法律や規則に
準じた行動や方法にパターンマッチングして起こす行動群であるルールベース
（rule-based：RB），直面する計画外の問題に対して意識的にゆっくりと石橋
を叩くように行動する行動群であるナレッジベース（knowledge-based：KB）
に分けて説明している。ラスムッセンの分類は，エラーの分類を意識したもの
ではないが，ノーマンの分類と合わせ，リーズン（Reason, 1990 十亀訳 2014）
によって統合され，現在は包括的エラーモデリングシステム（generic error
modeling system：GEMS）として理解されている。

ヒューマンエラーや不安全行動の対策

　ヒューマンエラーや不安全行動への対策としては，一般にハード対策とソフ
ト対策が提唱されている。ハード対策では，人間がミスをすることを前提に，
作業環境や設備，工具に対して**フールプルーフ**（fool proof）や**フェールセーフ**
（fail safe），**フォールトトレランス**（fault tolerance）という考え方を取り入れ
ることが重要である。フールプルーフとは，製品やシステムをよく理解してい
ない人が扱っても問題が起きないように技術的に安全が確保されるしくみで，
たとえば，電池ボックスの＋極と－極の入れ間違いができないように設計され
ていることを指す。フェールセーフは機械が故障したとしても，安全が確保さ

れるしくみであり，例として鉄道車両の非常ブレーキなどが挙げられる。フォールトトレランスは部品やサブシステムが壊れても，他の部品やサブシステムが機能を補い，本来の機能を維持することができる多重解決の考え方である。航空機の操縦系システムや部品，自動車のエンジンなどに実装されている。

　一方，ソフト対策は，知識教育や管理者からの指導を中心とした活動である。過去の事故発生過程を教育して注意喚起することに加え，日々の作業手順の見直しや指差ししながら「バルブ開放」などと作業動作を声に出す指差呼称を取り入れ，作業訓練を繰り返し行い，安全意識やミスへの危機意識向上を図る。また，**ヒヤリハット提案活動**が取り組まれることも多い。これは，事故や災害につながりかねないヒヤリとした経験，ハッとしたけれども，なんとか怪我をせずにすんだ体験を災害予防に役立てる活動である。ハインリッヒ（Heinrich, 1941）の産業災害防止論で，同じ人間の起こした同じ種類の330件の災害のうち，300件は無傷で，29件は軽い傷害をともない，１件は報告を要する重い傷害をともなっているという災害発生の経験則にもとづいている。

2-2　安全文化の構築

　安全文化という言葉は，国際原子力機関の国際原子力安全諮問グループ（International Nuclear Safety Advisory Group：INSAG）が，1986年に発生したチェルノブイリ原発事故の原因調査報告の中で，事故の原因として「安全文化の欠如」を挙げたことで広く知られるようになった。INSAG（1991）によると，安全文化とは，「全てに優先して安全問題が取り扱われ，その重要性に相応しい注意が確実に払われるようになっている組織，個人の備えるべき特性，および態度の集合体」と定義されている。リーズンとホッブス（Reason & Hobbs, 2003 高野監訳 2005）によると，この他にも多くの安全文化に関する定義があるが，まとめると，①組織の構成員の安全に関する信念，態度，価値観の要素と，②さらなる安全を達成するために組織が所有している，あるいは施行している，より具体的な内部構造，慣習，管理や施策の要素から成り立つと指摘している。安全文化の構築においては，リーズン（Reason, 1997 塩見監訳 1999）

表 8-3　安全文化の構成要素

構成要素	主な内容
報告する文化	潜在的な危険と直接触れ合っている作業員が，自らのエラーやニアミスを報告しようとする姿勢や有効な仕組みがあり，機能している状態。
正義の文化	安全規則違反や不安全行動を放置せず，許容できる行動と許容できない行動を明確にして，時には報酬や罰を与えられるような信頼関係に基づいた姿勢や仕組みがあり，機能している状態。
学習する文化	過去のエラーやミスから学び，組織にとって必要な対策につなげることができる姿勢や仕組みがあり，機能している状態。
柔軟な文化	特に緊急事態が起きた時に，必要に応じて従来の階層型の組織からフラットな専門職構造に組織の命令形態を変え，対応できる姿勢や仕組みがあり，機能している状態。

（出所）Reason（1997 塩見監訳 1999）をもとに筆者作成

は，「①報告する文化」，「②正義の文化」，「③学習する文化」，「④柔軟な文化」が重要であると指摘しており（表 8-3），文化の醸成のためには，記載の順に取り組むことが推奨されている。

3　安全衛生マネジメント

3-1　労働安全衛生マネジメントシステム

　労働安全衛生マネジメントシステムとは，事業者が労働者の協力の下に一連の過程を定めて継続的に行う自主的な安全衛生活動を促進することにより，労働災害の防止を図るとともに，労働者の健康の増進および快適な職場環境の形成を図り，事業場における安全衛生の水準の向上に資することを目的とし，安全衛生活動が有機的に行われるよう，定められた規格に則って取り組む安全衛生活動を指す。規格には，国際標準化機構（International Organization for Standardization：以下，ISO）が標準化した ISO 規格や日本国内の標準規格である日本工業規格（Japanese Industrial Standards：JIS）があり，様々な「もの」や「事柄」に対して，基本規格，製品規格，マネジメントシステム規格などがある。

　これまで，労働安全衛生分野のマネジメントシステム規格として，1998年イ

ギリス規格協会が中心になり発行した，OHSAS18001が国際的に用いられて
きた。日本においては，1999年に「労働安全衛生マネジメントシステムに関す
る指針」が示され，法令上の義務ではないものの，「危険性または有害性等の
調査等に関する指針」と連動して運用が求められてきた。最近では，2018年3
月に国際規格 ISO45001 が正式に発行され，日本国内の多くの企業が取得して
いる ISO9001 や ISO14001 と基本構造が共通しているマネジメントシステムと
して，ISO45001 の取得や運用が広がっていくことが予想されている。また，
マネジメントシステム内に，組織トップが方針表明することが求められている
ことで活動の強い推進力が得られること，活動の継続的改善のしくみが組み込
まれていることでやりっぱなしにならないことや，関係者がそれぞれの役割を
果たすことで担当者だけではなく，多くの関係者を巻き込んだ活動ができるこ
となどのメリットが指摘されており（森，2018），企業が労働者の健康と安全
を確実に確保するための自律的活動につなげることができると期待されている。

3-2　リスクアセスメント

　企業間競争の激化や働き方の多様化が進む中で，労働安全衛生関係法令に規
定される最低基準としての危害防止基準を遵守するだけの安全活動にとどまり，
自主的な安全衛生活動が不足し，重大災害が発生している。このような背景か
ら，**リスクアセスメント**は，2006年の労働安全衛生法の改正により，事業者の
努力義務として導入実施が規定化された。

　事業者は，自主的に個々の事業場の建設物，設備，原材料，ガス，蒸気，粉
じんなどによる，または作業行動その他業務に起因する労働者の就業にかかわ
るすべてものについて，建物の移転・変更・解体，設備や原材料などの新規採
用・変更，作業方法の新規採用または変更のタイミングで，危険性または有害
性を調査し，その結果にもとづく必要な措置を講ずることが求められている。

　具体的には，絶対に安全である状態はないと認識し，作業にともなう残留リ
スクを，受け入れ不可能な状態から受け入れ可能な状態，さらには広く受け入
れ可能な状態まで低減することを目指す。職場に存在する危険性または有害性

（危険源，危険有害要因，ハザードともいう）を特定し，その危険性または有害性にかかわるリスクを見積り，リスクの大きさに応じてリスク低減措置の優先度を定めるとともにその内容を検討し，もっとも効果的と思われる対策を実施する（田中，2012）。リスク低減措置優先順位としては，①**本質的安全対策**（作業の廃止・変更など），②**工学的対策**（インターロックや局所排気装置の設置など），③**管理的対策**（マニュアルの整備など）となっており，①〜③の措置を講じても除去・低減しきれなかったリスクのみ④**個人用保護具の使用**の措置がとられる（田中，2012）。

　一連のリスクアセスメントの実施は，労働安全衛生マネジメントシステムに関する指針が定める具体的実施事項と位置づけられ，組織全体で取り組むことが望ましいとされている。さらに，2014年の労働安全衛生法の改正では，危険有害性が比較的高く安全データシートの交付が義務づけられた663化学物質の利用について，リスクアセスメントの実施が義務づけされた。この法改正は印刷会社で使用されていた化学物質が原因で，胆管がんを発症する労災事案が発生したことを契機に義務化されたものである。多くの企業で，多様な化学物質が使用されているため，今後も規制対象となる化学物質が増えていくと考えられている。

3-3　心理職（公認心理師）と安全衛生管理

　労働安全衛生法の第1条は，労働災害の防止を推進することにより職場における労働者の安全と健康を確保することを求めている。すなわち，労働災害の防止が労働安全・労働衛生活動の目的であり，心理職（公認心理師）が企業にかかわることは，とくに精神障害に関する労働災害防止に関係することと考えられる。

　精神障害に関する労働災害事例として，国・川崎北労働基準監督署署長事件をとりあげる。この事件は実母である原告が，国・労働基準監督署署長に対して，業務により発症した精神障害によって死亡した息子の遺族補償給付および葬祭料の支給を請求したところ，いずれも支給しないとの処分を受けたことか

ら，その取り消しを求めた事案である。争点は，精神障害の発病が業務に起因するものと認められるか，死亡が精神障害の影響によるものか否かであった。判決では，配置転換を繰り返し経験した労働者（死亡した息子）が，最終的に配属されたプロジェクトで，高負荷状態にもかかわらず増員もなく，休憩時間も満足に取られない中で死亡したとして業務起因性が認められた。とくに休憩施設が十分に整備されておらず，二酸化炭素濃度が基準値を超えており，最大定員となれば必要気積（労働者一人について$10\,m^3$以上）を超えていた作業環境が過酷であったことをふまえれば，その心理的負荷の程度は「過重」と評価することができるとして，労働災害と認められた。

　公認心理師が労働衛生組織の一員として企業にかかわるときは，労働者への専門的な相談業務に加え，作業環境管理，作業管理の基礎知識を身につけ，労働者の置かれている作業環境についても適切に把握し，対応できる力が求められていると考えられる。

❖考えてみよう

　とある事業所に天井高$4\,m$広さ$50\,m^2$の部屋があった。この部屋にはキャビネットや机などがあり，$50\,m^3$を占めている。労働安全衛生法により，この中で事務作業してもよい人数は何人までだろうか。インターネットで「事務所」「衛生規則」などのキーワードを調べた上で，考えてみよう。また，事務所における作業環境基準においてはじめて知ったことをまとめてみよう。

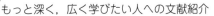もっと深く，広く学びたい人への文献紹介

森　晃爾（2019）．産業保健ハンドブック　改訂17版　労働調査会
　　☞法改正や指針の情報から産業保健に関する最新のトピックス，作業環境管
　　　理や健康管理まで幅広く，わかりやすく書かれている。産業保健の入門書
　　　として一読しておきたい。
中央労働災害防止協会（2019）．労働衛生のしおり　令和元年度　中央労働災害
　　防止協会
　　☞毎年の労働衛生の法律改正や新たに発行された指針の情報が掲載されてい
　　　る。産業衛生管理の実務担当者の重要な情報源となっている。

引用文献

中央労働災害防止協会（2018）．労働衛生のしおり 平成30年度　中央労働災害防止協会

芳賀 繁（2000）．失敗のメカニズム——忘れ物から巨大事故まで——　日本出版サービス

Heinrich, H. W. (1941). *Industrial accident prevention: A scientific approach*. New York: McGraw-Hill.

International Nuclear Safety Advisory Group (1991). *Safety culture*. INSAG-4. Vienna: Internatinal Atomic Energy Agency.

厚生労働省（2013）．職場における腰痛予防対策指針及び解説　別添資料　https://www.mhlw.go.jp/stf/houdou/youtsuushishin.html（2019年 5 月10日閲覧）

厚生労働省　職場のあんぜんサイト安全衛生キーワードヒューマンエラー　https://anzeninfo.mhlw.go.jp/yougo/yougo62_1.html（2019年 5 月10日閲覧）

森 晃爾（2018）．産業保健専門職に必要な労働安全衛生マネジメントの理解　産業医学ジャーナル，*41*(6)，4-7.

中村 裕・橋爪 裕（2012）．中国料理「桂花苑」における改善活動　IE レビュー，*53*(2)，7-12.

日本経済団体連合会（2018）．経営労働政策特別委員会報告　経団連出版

日本工業標準調査会（2019）．JISZ8115 ディペンダビリティ（総合信頼性）用語　日本工業標準調査会　https://www.jisc.go.jp/app/jis/general/GnrJISSearch.html（2019年 5 月10日閲覧）

Norman, D. A. (1981). Categorization of action slips. *Psychological Review, 88*(1), 1-15.

Rasmussen, J. (1986). *Information processing and human-machine interaction: An appproach to cognitive engineering*. New York: Elsevier Science Ltd.（ラスムッセン，J. 海保 博之・加藤 隆・赤井 真喜・田辺 文也（訳）（1990）．インターフェースの認知工学——人と機械の知的かかわりの科学——　啓学出版）

Reason, J. (1990). *Human error*. Cambridge & New York: Cambridge University Press.（リーズン，J. 十亀 洋（訳）（2014）．ヒューマンエラー　海文堂）

Reason, J. (1997). *Managing the risk of organizational accidents*. Bookfield VT: Ashgate.（リーズン，J. 塩見 弘（監訳）・高野 研一・佐相 邦英（訳）（1999）．組織事故——起こるべくして起こる事故からの脱出——　日科技連出版社）

Reason, J., & Hobbs, A. (2003). *Managing maintenance error: A practical guide*. London & New York: CRC Press.

（リーズン，J.・ホッブス，A.　高野　研一（監訳）・佐相　邦英・弘津　祐子・上野　彰（訳）（2005）．保守事故──ヒューマンエラーの未然防止のマネジメント──　日科技連出版社）

田中　信介（2012）．労働安全衛生活動におけるリスクアセスメントの現状と導入に向けての課題　工場管理，*58*(13)，8-12.

Taylor, F. W.（1911）．*The principles of scientific management.* New York & London: Harper & Brothers Publishers.

第Ⅲ部

産業・労働分野の
心理学的支援を考える

第9章 産業・組織心理臨床の実際
——「働くこと」を心理学的に支援するための活動

三 宅 美 樹

　産業・労働分野で活動する心理職（公認心理師）は，労働者が，所属している組織に適応していきいきと働くことを支援する役割を担う。それは心理学をベースとした視点でのかかわりである。**産業・組織心理臨床と産業精神保健**は，重なる部分もあるが，拠って立つ理論や考え方に違いがある。心理学を専門とする心理職（公認心理師）が，産業・組織心理臨床に携わることは有意義であろう。

　事業場内の**心の健康づくり専門スタッフ**の一員として，あるいは事業場外資源の専門機関に属する心理職として，産業・組織心理臨床に取り組むことにより，職場適応に悩む労働者の支援につながり，やがて労働者が働きがいを持つことや職場の活性化，ひいてはその組織の生産性の向上に貢献することが期待される。

1　事業場内相談室

1-1　産業・組織心理臨床とは

　産業心理臨床は「働くこと」に関連した心理的支援を目的としている（金井，2016）。さらに新田（2016）は，「心理職が，労働者とその人を取り巻く職場環境や組織全体の精神的健康の維持と増進を目的とする関わり」と述べている。

　わが国の労働力人口は，総務省統計局の労働力調査結果によると6年連続で増加している。その内訳をみると，高齢者と女性の労働者が増加傾向にあることがわかる（総務省統計局，2019）。また，仕事と治療の両立を支援する制度

「**事業場における治療と仕事の両立支援のためのガイドライン**」が2016年2月に公表され，2019年3月に改訂されている（厚生労働省，2019a）。このガイドラインにもとづき，以前であれば退職を選択せざるを得ない病を抱えていても，現在は就労継続が可能な状況にあり，そのような労働者が増加しつつあると推測できる。さらに厚生労働省は，仕事と家庭の**両立支援**（育児，介護等）も推進している（第12章1節も参照）。このように国がすすめる働き方改革により，様々な働き方を選択する労働者の増加が予測されることから，産業・組織心理臨床にかかわる心理職（公認心理師）はさらなる自己研鑽を積み重ね，事業場や労働者のニーズに応えていくことが求められる。

　上述にかかわる近々の課題は，国による対策の推進に事業場の実態が追いついていないことによって，両立支援を必要とする労働者と必要としない労働者との間で葛藤が起こることだろう。葛藤が起こる理由の一つに，両立支援を必要としない労働者がもつ不公平感がある。また支援を必要とする労働者が申し訳ない思いや居心地の悪さを感じることも起こりうるだろう。したがって，これらを個人の問題として扱うのではなく，たとえば教育研修で両立支援の理解を周知徹底させるなど，組織の問題として扱うことが企業の成熟としては重要である。

1-2　事業場内相談室とは

　相談窓口の開設は，実施されている割合の高いメンタルヘルス対策のひとつである（廣，2016）。

　事業場内相談室の位置づけやその名称は，安全衛生管理部門，人事労務管理部門，あるいは相談室のみの単独で存在するなど，事業場のどの部署が「**心理相談**」業務を担っているかによって異なっている。

　相談室の利用に関しては，従業員[1]が他の従業員に知られることなく来談しやすいように，その設置場所や相談の申込み窓口，開室時間等に配慮や工夫をす

➡1　「従業員」とは，雇用契約を結んで業務に従事している人のこと。

ることが必要である。そのように相談室の利用のしやすさの向上を含め，来談者の緊張を解きほぐすような相談員であることや，和らぐ雰囲気の空間であることも重要である。

　事業場内相談室の運営については，当該事業場で活動する心理職の雇用形態にも影響される。心理職が常勤の場合は，従業員の就労時間に合わせた開室が可能であり，相談に関連する業務，たとえば相談予約の受付から相談対応，記録やその管理，統計データの作成から資料作成等も担うことができる。それらはメンタルヘルス対策の企画や実施につながる一連の活動である。一方，非常勤雇用や外部 EAP 機関から派遣された形でのかかわりの場合は，相談対応と記録以外の業務を当該事業場内の産業保健スタッフに委ねることもある（三宅，2016a）。

1-3　利用者と相談内容

　事業場内相談室は，当該事業場のすべての労働者とその家族が利用することができる。労働者は職業生活でのストレス要因（ストレッサー）やそれらによるストレス反応など，仕事に影響が出ている困りごとをもって来室する。ときにプライベートな問題からメンタルヘルス不調に陥り，仕事に差し障りが出てしまったために来談するケースもある。

　心理職（公認心理師）が相談対応する際，労働者が自分自身のことで来談すれば個人支援のための**カウンセリング**を行い，上司が自分の部下のメンタルヘルスや職場のトラブル等のことで来談すれば組織支援のための**コンサルテーション**を行うことになる。したがって，管理監督者から相談申込みがあった場合は，カウンセリングを求められているのか，あるいはコンサルテーションなのか，最初に確認することが必要である。

　また管理監督者へのメンタルヘルスケアを推進するための**教育研修**が効果的に行われていれば，その場での情報提供から相談室の存在を知り，利用しようとする管理監督者が現れる。さらに，講師を担った心理職（公認心理師）に対して管理監督者が信頼感や安心感をもつことができれば，相談室を利用しよう

という思いが増大するであろう。したがって，**心理相談**を担う際には，心理職として高い専門性をもつのは当然のこと，講師（心理職）と受講者（管理監督者）が人として対等の関係であることをふまえて，むしろ現場のことを教えていただくのだという謙虚な姿勢で真摯に臨むことが望ましい。

　家族の利用については，当該労働者に代わって，あるいは本人に内緒で相談の電話をかけてくることがある。家庭では不眠傾向や食欲不振などの明らかな変化がみられることから，対応方法についての問い合わせが入るのである。また当該労働者のメンタルヘルス不調が起こったことについて，事業場への不満や不信感などの苦情が相談窓口に持ち込まれることもある。家族に対しては，電話あるいは来室してもらって対話を重ね，家族の不安や不満を受け止め，当該労働者の回復に協力してもらえるよう，丁寧に対応するとよい。

　またメンタルヘルス対策の一つとして，**リフレッシュカウンセリング**，あるいは**体験カウンセリング**と称して，全従業員に面接を行っている中小規模事業場もある。それは従業員個人のケアのみならず，潜在的な組織としての問題を顕在化することにもつながるものでもあり，一次予防の取り組みともいえるだろう。

2　EAP

2-1　EAP（Employee Assistance Program）とは

　EAP は，アメリカで始まり発展した職場のメンタルヘルスサービスのことであり，「従業員支援プログラム」と訳されている。「企業で働く従業員の健康に焦点を置いて，生産性に影響を与える諸問題を解決しようとする企業のプログラム」として，企業の業績や生産性の維持向上という点に着目し，医療的な支援だけではなく不調の早期発見や予防，組織の改革まで踏み込んでいる（市川，2004）。

　EAP には，企業が専門家を直接雇用して業務として実施する**内部 EAP** と，外部専門機関にメンタルヘルス業務を委託する**外部 EAP** がある。事業者は，

内部であれ外部であれ EAP を活用して何を解決し何を達成したいのか，その目的を明確にしておく必要がある。たとえば厚生労働省（2019b）のウェブサイト「こころの耳」には，従業員の福利厚生，メンタルヘルス不調防止，安心して相談できる体制をつくること等が導入目的として示されている。そしてそれらを産業精神保健スタッフと共有しておくことが重要である。EAP の導入には高額な費用がかかり投資でもあるため，その目的と活用の仕方を明確にしておくことが有効な経営的戦略になることはいうまでもない。

2-2　EAP の機能

アメリカの国際 EAP 協会では，EAP が備えるべき必須の機能として七つのコアテクノロジーを挙げている。EAP のもっとも基本的な機能は，労働者個人のパフォーマンス低下となる問題をアセスメントし，問題解決のための最適な資源につなぐこと，すなわち「アセスメント＆リファー」である（長見，2011）。それにもとづく七つのコアテクノロジーは以下のとおりである。

①組織のリーダーへの，問題を抱える従業員の管理，職場環境の向上，従業員のパフォーマンス向上に関するコンサルテーションと教育

②パフォーマンスに影響する個人的な問題のアセスメント

③個人的な問題をもつ従業員への，直面化，動機づけ，短期的介入による，パフォーマンスへの影響に気づかせるかかわり

④従業員の専門的診断，治療，援助のための専門機関へのリファーと，その後の経過観察

⑤リファー先である専門機関との効果的な関係の形成・維持のためのコンサルテーション，契約の管理や運用

⑥組織へのコンサルテーションによる，アルコール関連問題や精神的・心理的障害などの医学的問題などに対する治療を従業員が適切に受けられるような支援

⑦組織や個人のパフォーマンスへの EAP の効果評価

2-3　内部 EAP と外部 EAP

EAP には内部 EAP と外部 EAP があるが，それぞれに特徴がある。もともとアメリカにおいては内部 EAP から始まり，次第に外部 EAP として企業に浸透していった経緯がある（市川，2017）。

　1 か所に多くの従業員が在籍する事業場の場合は，内部 EAP が活用しやすい。全国に分散する事業場をもつ企業は，内部 EAP の心理職（公認心理師）が各事業場に出張しての対応や，あるいは本社以外の事業場は外部 EAP を活用している場合もある。内部 EAP は当該事業場の状況や事情を把握しているため，職場との連携・協働も行いやすく支援も効果的に行いやすいだろう。しかしながら従業員の中には，内部の人間がかかわっていると個人の私的な情報が漏れることやプライバシーが守られないこと，ひいては自分の評価につながることを危惧する人も少なからず存在している。したがって内部 EAP は，信頼を得るために日常的に誠実で丁寧な活動を積み重ねていくことが求められている。

　事業者が外部 EAP を利用してメンタルヘルスケアを推進しようとする際には，外部 EAP から提供される支援の内容と質が事業場の実態に合うように，責任をもって専門機関を選定する必要がある。そして外部 EAP の導入を決定した後も，メンタルヘルスケアすべてを外部 EAP に委託するのではなく，内部 EAP がかかわる対策との住み分けや，事業場の担当部署との綿密な情報共有など，事業場と外部 EAP が連携し補完し合う活用が望ましい。

3　メンタルヘルスケアを推進するための教育研修・情報提供

3-1　心の健康に関する教育研修

　心の健康（メンタルヘルス）に関する教育研修は，産業精神保健活動の重要な要素であることが，厚生労働省の「メンタルヘルス指針」（第10章参照）において述べられている（廣，2013）。事業者は，**4 つのケア**（第10章 2 節を参照）が適切に実施されるよう，**メンタルヘルスケアの推進**に関する教育研修・情報提供を行うよう努めなければならない。**教育研修**は管理監督者を含むすべての

労働者を対象に行われる。

　効果的な教育研修のために，できるだけ楽しく興味深いものにするには，講義形式だけよりも体験型，参加型の方法を含めるとよいだろう（厚生労働省，2019c）。最近はパソコンの普及にともない，デスクワーク職場を中心としてeラーニングも注目されている。

　教育研修は，事業場の実態に応じた内容を取り入れるとよい効果が得られるため，事業場内産業保健スタッフが講師を担当することが適切である。しかし，事業場内に適任者がいない場合は外部講師を依頼することになる。その際には事前に，教育研修の目的やねらい，事業場の実態を伝えて外部講師と共有しておくと効果が得られやすい。

3-2　職階別に行う心の健康に関する教育研修

　職階は，言い換えると，**キャリア発達**の諸段階といえよう（第3章参照）。段階的なキャリア発達の節目にメンタルヘルス不調に陥りやすい傾向がある（金井，2002）ことを鑑みると，一次予防（第10章参照）を目的としたキャリア発達にともなう教育研修を実施することが重要であろう。さらに，職業生活を送るうちに起こることが予測される人事上の変化の前後にも，一次予防のための**心理教育**を展開することが望ましい。たとえば，中途入社時，海外赴任の前後，引っ越しをともなう他事業場への異動の前後，他社への出向前・帰任後などの出来事は，心理的支援を必要とする場合が考えられる（三宅，2016b）。

3-3　心の健康に関する教育研修の実際

労働者への教育研修・情報提供

　労働者への教育研修・情報提供の内容について，表9-1に示す（セルフケアとラインケアについては第10章2節参照）。

表 9-1　労働者への教育研修・情報提供

セルフケア教育研修・情報提供
メンタルヘルスケアに関する事業場の方針
ストレス及びメンタルヘルスケアに関する基礎知識
セルフケアの重要性及び心の健康問題に対する正しい態度
ストレスへの気づき方
ストレスの予防，軽減及びストレスへの対処の方法
自発的な相談の有用性
事業場内の相談先及び事業場外資源に関する情報

ラインケア教育研修・情報提供
（上記した）セルフケア教育研修の内容
職場でメンタルヘルスケアを行う意義
管理監督者の役割
多様化している労働者への対応について
ストレスチェック制度の活用の仕方
職場環境等の評価および改善の方法
労働者からの相談対応の方法（話の聴き方，情報提供および助言の方法等）
心の健康問題により休業した者の職場復帰への支援の方法
事業場内産業保健スタッフ等との連携，およびこれを通じた事業場外資源に関する情報
健康情報を含む労働者の個人情報の保護等

（出所）厚生労働省（2015）より作成

4　連携と協働

4-1　連携と協働とは

　公認心理師法第42条第 1 項には，「公認心理師は，その業務を行うに当たっては，その担当する者に対し，保健医療，福祉，教育等が密接な連携の下で総合的かつ適切に提供されるよう，これらを提供する者その他の関係者等との連携を保たなければならない」と定められている。働く人一人ひとりに対して真に意味のあるメンタルヘルスケアには，関連する多（他）職種間の**連携・協働**は欠かせない。

　図 9-1 に示されるように，事業場内において産業精神保健スタッフは，当該労働者を含め様々な立場の人々とつながっているが，内部だけではなく事業場外の専門家とつながることもある。たとえば当該労働者に外部医療機関の精神

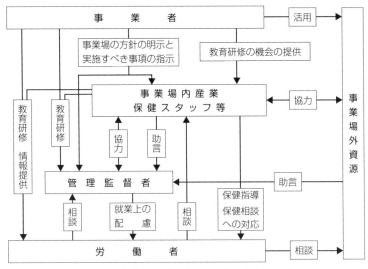

図 9-1　事業場におけるメンタルヘルス体制例
(出所) 厚生労働省 (2017)

科主治医がいる場合には，事業場内外において連携・協働が求められる。とくにその機会が多いのは**復職支援**である。渡辺 (2011) は，復職支援において精神科主治医と事業場とが連携を図ることは，当該労働者のよりよい職場適応のために必要であり，労働者，事業場両者の利益につながることであると述べている。このように，医療機関をはじめとして関連する他職種の専門家集団によって当該労働者への支援が行われていることを鑑みると，各々の職種の専門性や役割を十分に理解し，敬意を払って接することが重要であるといえる。

4-2　多職種連携と協働のポイント

　復職支援の際，当該労働者には事業場内外において関連する多職種専門家集団がかかわることもあると前述した。その際に注意すべき点は，当該労働者の健康情報等の適切な取り扱いである。メンタルヘルスに関する情報や診断書に記載された病名は誤解や偏見を招きやすいので慎重に取り扱い，個人情報の保護および守秘義務を遵守することを各々が認識しておかなくてはならない。

　事業場外資源の医療機関から当該労働者の情報を得たいときや，精神科主治医に相談したいときは，事前に当該労働者にその目的等を説明して同意を得ておくことが原則である。この場合，同意書の書式があれば署名してもらうが，書式がない場合は口頭においてでも必ず同意を得，さらにその旨を記録しておくことが必須である。

4-3　事業場内外の多職種連携と協働の実際

　医療機関等，事業場外資源への情報提供の依頼は，産業医が選任されている場合は産業医が対応することが望ましい。その際，文書で行うのが原則であるが，場合によっては精神科主治医を訪問して丁寧に説明することも必要とされる。なぜなら，当該事業場のメンタルヘルスについての考え方や就業規則，産業精神保健体制（どの範囲まで情報を共有するのか等）に関して主治医の理解を促すことは，当該労働者の職場復帰に有益なためである。この場合の訪問と説明をする者については，産業医の同意の下，産業精神保健スタッフの中から適任者を選考し，説明内容についても統一見解をもつことが必須である。またそれら活動の際に発生する費用（金額，支払う人・機関）に関しては事業場ごと医療機関ごとに異なることから，事前に確認しておくとよい。

5　緊急支援と危機介入

5-1　災害発生後の心理学的支援

　「災害」とは，労働災害，自然災害，事故等によって，もとの生活や産業労働生産活動への回復が不能，あるいは回復が困難な損害を受けることをいう。災害発生直後は労働者に様々なストレス反応が見受けられることもあり，それは時間の経過とともに落ち着いていく場合もあれば，中・長期にわたり心理学的支援を必要とする場合もある。

惨事ストレスへの支援

　2018年の労働災害発生状況（厚生労働省，2019d）によると，死亡者数は過去

最少となったものの休業4日以上の死傷者数は3年連続して増加している（第8章2節参照）。業種別では，製造業，陸上貨物運送事業，建設業の順であった。

　毎日一緒に仕事をしていた仲間が労働災害で亡くなった場合，生き遺った自分を責める労働者がいる。とくに管理監督者はその傾向が強い。また，業務に怖さを感じて出勤困難や業務遂行困難になる労働者もいる。そのような**惨事ストレス**[2]を受けた労働者に対して心理職（公認心理師）が，二次被害によるメンタルヘルス不調の予防のために支援を行うには，管理監督者や職場から情報を発信してもらわなければならない。管理監督者と日常的に連携し情報を共有し，メンタルヘルス不調が疑われる部下を速やかに産業保健スタッフにつないでもらうことが重要である。あるいは，労働者が被災により休業にいたり，その後に職場復帰する際に，心理職（公認心理師）が当該労働者および受け入れる職場の支援にかかわることがある。たとえば職場の管理監督者が「被災した部下が職場復帰するにあたり，その部下にどのような対応や配慮をすればよいのか教えてほしい」と受け入れを心配する場合がある。その際には，まず管理監督者の不安が軽減されるよう管理監督者に対して心理学的支援を行うが，続いて職場メンバーも安心して当該労働者を迎え入れることができるように，職場全体への支援も行う。つまり，職場へのコンサルテーションとアドバイスである。

　その後，さらに次のステップとして，管理監督者を通じて当該労働者に来談を要請することがある。その際，当該労働者が来談を強要されたことにならないよう，意思を尊重し慎重に進めていくことが重要である。来談が実現したら，職場においてどのような配慮があれば被災する前のように働くことができるのかを確認し，職場復帰を促進する支援を行う。

5-2　職場における自殺対策

自殺対策

警察庁（2019）によると，2018年の労働者の自殺件数は前年度より微増して

➡ **2**　通常の対処行動規制がうまくいかないような問題や脅威（惨事）に直面した人，あるいは惨事の様子を見聞きした人に起こるストレス反応。

いる。

　自殺は多要因的な現象であり，自殺にいたる重要な要因として認知のゆがみと衝動性のコントロール能力の障害があると高橋（2006）は述べている。

　自殺対策は一般に，①プリベンション（prevention），②インターベンション（intervention），③ポストベンション（postvention），の三つに分けられる。プリベンションは，一般の人を対象とした**自殺予防**対策であり，自殺のリスクが高いと考えられる集団を対象とした働きかけや，自殺問題に関する啓発活動がそれにあたる。インターベンションは，自殺の危機が高まっている人への個別対応（保護）を指す。ポストベンションは，自殺者の周囲の遺された人々に対する支援である。

　事業場において自殺予防対策を前面に出した教育研修などを企画し提案しても，理解や賛同を得ることは容易ではないだろう。しかし，労働者の自殺は，本人の生命の喪失にとどまらず，遺族は当然のこと，遺された職場の人々にとっても大きな動揺やストレスを生じさせうることから，産業精神保健活動として何らかの形で対策に取り組むことは必然であると考える。

危機介入

　事業場内相談室において，労働者が自殺をほのめかすことがある。また労働者が自分の同僚から希死念慮を聞かされて戸惑い，来談することもある。さらに，ある労働者が自殺未遂したり自殺してしまったりした場合，その事実を知った他の労働者たちは当該労働者と心理的距離が近いほど動揺が大きい。個人が起こした出来事が組織に影響し，他の多数の労働者がメンタルヘルス不調に陥ることも考えられる。

　このように産業・労働分野における自殺の危機介入のあり方を考えると，個人のメンタルヘルスケアを目的とした介入だけではなく，その個人をとりまく組織全体を視野に入れた介入が求められる（藪本，2016）。心理職（公認心理師）は産業保健スタッフとして，万が一の自殺念慮，自殺未遂，自殺等危機的状況が起こった場合に組織全体に対して心理学的支援が行えるように，事業場としての標準書を関係者とともに作成しておくことが，リスクマネジメントとして

必要であろう。

❖考えてみよう

　事業場の中に設置された相談室をイメージして，どのような相談室であれば自ら利用してみようと思うだろうか。設置場所，広さ，部屋の空間，照明，開室時間，窓口の対応，相談員など，多くの視点から考えてみよう。

 もっと深く，広く学びたい人への文献紹介

厚生労働省　こころの耳　働く人のメンタルヘルス・ポータルサイト　http://kokoro.mhlw.go.jp/
　☞知識のみならず，働く場における実践活動が事例形式で説明されており，臨場感が伝わってくるので，わかりやすい。
島井 哲志（監修）島津 明人（編）（2017）．保健と健康の心理学標準テキスト 産業保健心理学　ナカニシヤ出版
　☞産業・労働分野における保健と健康の心理学について実践も交え，研究者と臨床家が執筆しているので，理解につながりやすい。

引用文献

廣 尚典（2013）．職場におけるメンタルヘルス対策の手引き——要説産業精神保健——　診断と治療社
廣 尚典（2016）．メンタルヘルスケア　中央労働災害防止協会（編）　心の健康づくりのための心理相談担当者必携（pp. 3-68）　中央労働災害防止協会
市川 佳居（2004）．従業員支援プログラム EAP 導入の手順と運用　かんき出版
市川 佳居（2017）．職場のメンタルヘルス対策のシステム——内部 EAP と外部 EAP——　島津 明人（編）　産業保健心理学（pp. 49-65）　ナカニシヤ出版
金井 篤子（2002）．キャリア発達と節目ストレス　明治生命フィナンシュアランス研究所調査報（生活福祉研究），*40*, 4-14.
金井 篤子（2016）．産業心理臨床とは　金井 篤子（編）　産業心理臨床実践——個（人）と職場・組織を支援する——（pp. 3-16）　ナカニシヤ出版
警察庁（2019）．平成30年中における自殺の状況　https://www.npa.go.jp/news/release/2019/20190326001.html（2019年6月5日閲覧）
厚生労働省（2013）．障害者雇用促進法の概要　https://www.mhlw.go.jp/stf/seisakunitsuite/bunya/koyou_roudou/koyou/shougaishakoyou/03. html（2019年6月5日閲覧）
厚生労働省（2015）．労働者の心の健康の保持増進のための指針（改正平成27年

11月30日健康保持増進のための指針公示第 6 号）

厚生労働省（2016）．職場における子育て支援　https://www.mhlw.go.jp/stf/sei
　　sakunitsuite/bunya/kodomo/shokuba_kosodate/index.html（2019年 6 月 5
　　日閲覧）

厚生労働省（2017）．職場における心の健康づくり　https://www.mhlw.go.jp/
　　stf/seisakunitsuite/bunya/0000055195_00002.html（2019年12月 7 日閲覧）

厚生労働省（2018）．障害者雇用対策　https://www.mhlw.go.jp/stf/seisakunit
　　suite/bunya/koyou_roudou/koyou/shougaishakoyou/index.html（2019年 6
　　月 5 日閲覧）

厚生労働省（2019a）．事業場における治療と仕事の両立支援のためのガイドライ
　　ン　https: //www. mhlw. go. jp/stf/seisakunitsuite/bunya/0000115267. html
　　（2019年 6 月 5 日閲覧）

厚生労働省（2019b）．こころの耳：働く人のメンタルヘルス・ポータルサイト
　　http://kokoro.mhlw.go.jp/（2019年 6 月 5 日閲覧）

厚生労働省（2019c）．職場のメンタルヘルス教育ツール一覧　こころの耳
　　http://kokoro.mhlw.go.jp/download/（2019年 6 月 5 日閲覧）

厚生労働省（2019d）．平成30年労働災害発生状況

三宅 美樹（2016a）．企業内相談室　金井 篤子（編）　産業心理臨床実践——個
　　（人）と職場・組織を支援する——（pp. 185-187）　ナカニシヤ出版

三宅 美樹（2016b）．心理教育　金井 篤子（編）　産業心理臨床実践——個
　　（人）と職場・組織を支援する——（pp. 139-144）　ナカニシヤ出版

長見 まき子（2011）．EAP について知りたい　日本産業精神保健学会（編）　職
　　場のメンタルヘルスケア（pp. 310-312）　南山堂

新田 泰生（2016）．方法論を意識した産業心理臨床　新田 泰生・足立 智昭
　　（編）　心理職の組織への関わり方——産業心理臨床モデルの構築に向けて
　　——（pp. 1-16）　誠信書房

総務省統計局（2019）．平成30年労働力調査年報　https://www.stat.go.jp/data/
　　roudou/report/index.html（2019年 6 月 5 日閲覧）

高橋 祥友（2006）．新訂増補自殺の危機——臨床的評価と危機介入——　金剛出
　　版

渡辺 洋一郎（2011）．精神科医との連携法を知りたい　日本産業精神保健学会
　　（編）　ここが知りたい職場のメンタルヘルスケア（pp. 302-304）　南山堂

藪本 啓子（2016）．危機介入　金井 篤子（編）　産業心理臨床実践——個（人）
　　と職場・組織を支援する——（pp. 145-152）　ナカニシヤ出版

参考文献

厚生労働省（2010）．職場における自殺の予防と対応　https://www.mhlw.go.jp/

new-info/kobetu/roudou/gyousei/anzen/101004-4.html（2019年6月5日閲覧）

厚生労働省（2017）．労働者個人向けストレス対策（セルフケア）のマニュアル・管理監督者メンタルヘルス研修のマニュアル　http://kokoro.mhlw.go.jp/etc/pdf/tool-self02.pdf（2019年6月5日閲覧）

厚生労働省（2018）．平成29年労働安全衛生調査（実態調査）結果の概況　https://www.mhlw.go.jp/toukei/list/dl/h29-46-50_gaikyo.pdf（2019年6月5日閲覧）

三宅　美樹（2014）．働く人のメンタルヘルス　加藤　容子・小倉　祥子・三宅　美樹　わたしのキャリア・デザイン——社会・組織・個人——（pp. 136-176）ナカニシヤ出版

長渕　啓子（2011）．特殊な状況への対応　産業医科大学産業生態科学研究所精神保健学研究室　職場のメンタルヘルス（pp. 153-161）　診断と治療社

日本産業精神保健学会（編）（2011）．職場のメンタルヘルスケア　南山堂

野島　一彦（監修）平木　典子・松本　桂樹（編著）（2019）．産業・労働分野　創元社

大庭　さよ（2019）．産業・組織領域における心理臨床スーパービジョン　臨床心理学，*111*，306-310.

第10章 産業精神保健
——産業・労働分野における
公認心理師の立場とその役割

三 宅 美 樹

　わが国では，働く人のメンタルヘルス（心の健康）の低下や悪化が危惧されている。ここ数年の労働安全衛生調査結果（厚生労働省，2016，2017a，2018a，2019a）の経緯を見てみると，全国の事業所では「メンタルヘルス不調により1か月以上休業または退職した労働者割合」が一定数値で続いている。働く人の心の健康問題を発生させる職場環境の要因はいったい何なのだろうか。同調査結果から探ると，労働安全衛生管理と人事労務管理の双方に課題があることがうかがえる。それらは，時代の変化とともに新たな問題を呈し続けており，国は折々の課題に取り組み，関連する法令を改正するなどの対策を施してきている。働く人とその職場にかかわる公認心理師は，このような課題に対して，どのような立場でどのような役割や活動を担うことが望まれているのだろうか。

1　健康管理としての産業保健

1-1　産業保健とは

　産業保健は，職場環境や働く人に存在する健康に関する課題に広く取り組み，働く人の健康を保持増進し，さらに企業の発展にも貢献することを目的としている（森，2018）。廣（2013）は，「産業保健と労働衛生は同義語であり，産業保健活動の主体は事業者である。具体的には事業者は，①労働者[1]の安全と健康を確保する，②快適な職場環境を整備する，③労働災害防止のための対策を講

➡1　「労働者」とは，労働基準法第9条で定義されている。「職業の種類を問わず，事業又は事務所に使用される者で，賃金を支払われる者をいう。」

ずる，等の義務がある。つまり，産業保健の中で**健康管理**が行われており，事業者は労働者の健康状態を健康診断によって管理し，医学的および労務管理的な措置を行う義務がある」と述べている。すなわち，労働者が仕事にかかわる要因から病気などにかからないようにして，健康を保ちながら働くことができるように事業者は取り組むのである。

　最近の傾向として，わが国の平均寿命が延びている状況において，労働力の確保という視点からも**健康寿命**という言葉が注目されている。たんに長寿であるということではなく，健康でいきいきと働き続けることができるような取り組みが事業者に求められている。それは高齢労働者の健康を保持し，労働適応能力を向上する対策のことである。また，障害者雇用促進法の改正によって障害者を雇用する事業所も増加傾向にあり，事業者は障害者一人ひとりへの働き方に**合理的配慮**が求められている（第2章3-4参照）。

1-2　産業保健スタッフとその役割

　事業場内の**産業保健スタッフ**とは，**産業医**，**衛生管理者**[2]，**労働安全衛生担当者**を含めた産業保健にかかわるスタッフ全員の総称である。労働安全衛生の取り組みにおいて法的に位置づけられているのは産業医と衛生管理者のみであるが，実際の職場では，産業保健にかかわるスタッフは産業医と衛生管理者だけではない。関連する専門職（医師，看護師，保健師，**心の健康づくり専門スタッフ**[3]）や，一般の事務スタッフが配置されることもあれば，外部 EAP 機関（第9章2-3参照）に依頼して専門職を配置する場合もある。それは事業場の実態によって異なる。

　産業保健スタッフの役割は，**管理監督者**を含むすべての働く人に，**メンタルヘルスケア**に関する対策を効果的に実施することである。具体的には，**メンタ**

➡ 2　労働安全衛生法第12条で，事業者は，事業場の規模や業種に応じ，一定数の適格な衛生管理者を選任し，衛生管理業務の技術的事項を管理させなければならないと定められている。

➡ 3　心の健康づくり専門スタッフとは，精神科・心療内科等の医師，心理職等をいう。

ルヘルス対策の企画立案とその実施，個人の健康情報の取り扱い，事業場外資源とのネットワーク形成やその窓口など，中心的な役割を担う。実務においては産業保健スタッフが，それぞれの専門性を活かして個々に活動することも起こりうるが，総合的・全体的には産業保健スタッフ全員が一つのチームとしてかかわることが，より効果的な支援につながる。

1-3　THP（Total Health promotion Plan）

THP（トータル・ヘルスプロモーション・プラン）とは，厚生労働省が策定した「事業場における労働者の健康保持増進のための指針」の内容につけられた通称である。「トータル」という言葉には，身体面だけではなく精神面にも配慮するという意味と，すべての年齢層の労働者を対象とするという意味が含まれている。

具体的には，事業者に義務づけている**健康診断**と同様に，産業医が中心となって**健康測定**を行い，その結果にもとづいて，運動指導・保健指導・栄養指導・メンタルヘルスケアを実施するという総合的な健康指導（図10-1）である。メンタルヘルスケアにおいて「心理相談を担当する者」としてはじめて法制度化されたのが「心理相談員」であり，現在は「**心理相談担当者**」と名称が変更されている。

THPでは，労働者一人ひとりがセルフケアの考えを理解し，実行できることを目指している。しかしながら，働く場には労働者だけでは取り除くことが

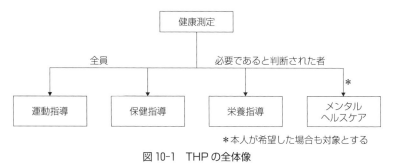

＊本人が希望した場合も対象とする

図10-1　THPの全体像

（出所）廣（2013）

困難な職場のストレス要因があるとして，事業者には，労働者のセルフケアを支援するとともに，事業場としての対策を積極的に講じることが求められている。

1-4　THP における心理相談の枠組みの原則

扱う問題の範囲は，①精神疾患の発症には至っていない労働者を対象とする，②主として仕事に関連した問題，③健康障害（精神障害）レベルは扱わない，としている。

問題解決のしかたは，①傾聴を中心とする，②場合によっては上司と連携する，③治療行為は行わない，必要な場合は外部機関に紹介する，である。

さらに，場所は事業場内，時間は就業時間中の1時間以内／回を推奨しており，産業医と情報を共有し，必ず記録を残すことを「THP の心理相談の枠組み」としている（廣，2013）。

特徴的な点は，相談内容が当該労働者への業務上の配慮や職場環境等の改善のため，産業医に伝えられることである。

2　産業精神保健の実際

2-1　産業精神保健とは

産業精神保健は産業保健活動の一分野である（森崎，2016）。廣（2013）は，「産業精神保健とは働く人の精神面の健康をあつかう領域であり，職場のメンタルヘルス活動（あるいは対策）とほぼ同義語である」と述べている。従来は労働者の精神障害の予防や治療という精神衛生面でのかかわりが行われてきたが，近年は心の健康の保持増進も着目されている。

さらに廣（2013）は，「産業精神保健には複数の側面と視点がある」と述べている。それは，①労働者の健康を保持増進する活動としての視点，②障害者あるいは障害者の社会参加への支援に関する視点，③事業者責任を履行するための職場管理的視点，④生産性の維持・向上を主眼とする経営的視点である。

労働者の心の健康について，厚生労働省の平成29年労働安全衛生調査結果を

みると，「仕事による強いストレスから**メンタルヘルス不調**[4]や精神障害により，連続 1 か月以上休業した労働者の割合は0.4％，退職した労働者の割合は0.3％」となっている（厚生労働省，2018a）。また，過重な仕事が原因で発症した脳・心臓疾患や過労死等による2017（平成29）年度の労災補償状況においても，請求件数は増加傾向にある（厚生労働省，2018b）。

　働く場において労働者が抱える**ストレス要因**は多様化しており，労働者側によるストレス軽減や解消だけではなく，職場環境側の調整や改善，また，行政として対処しなければならないことも見受けられる。とくに現在は，働く場である環境が大きく変化しようとしている。そのような変化にどのように対応していくのか，労働者一人ひとりが「働き方」を問われる時代に移りつつある一方，事業者は労働者一人ひとりに対してどのように「働くための支援を行う」か，問われる時代に突入していると考えられる。心の健康づくり専門スタッフである公認心理師も，社会情勢や経済状況，行政の動きなどにも目を向けて，働く人のメンタルヘルスケアにかかわることが重要である。

2-2　産業精神保健の国の動向

　産業精神保健に関する国の動向について表 10-1 に示す。ここから，国の対策が実際に起こった問題に早く対処しようとしてきた特徴がみられる。

2-3　メンタルヘルス指針

事業場における労働者の心の健康づくりのための指針（2000年）：旧メンタルヘルス指針

　厚生労働省は，1982年から 5 年ごとに「労働者健康状況調査」（2012年調査をもって廃止）を実施していた。その調査で労働者に「職業生活において強い不

➡ 4　ここでの厚生労働省の定義によれば，メンタルヘルス不調とは，ICD-10診断ガイドライン「精神および行動の障害」に分類される精神障害や自殺のみならず，ストレスや強い悩み，不安など，労働者の心身の健康，社会生活および生活の質に影響を与える可能性のある精神的および行動上の問題を幅広く含むものをいう。

表10-1　産業精神保健の国の動向

年	内　容
1972	労働安全衛生法（以下，安衛法）（本書第2章参照）
1988	心とからだの健康づくり 事業場における労働者の健康保持増進のための指針
1992	安衛法の改正　※1 快適職場指針　※2
1999	心理的負荷による精神障害等に係る業務上外の判断指針　※3
2000	事業場における労働者の心の健康づくりのための指針（本文参照）
2001	職場における自殺の予防と対応（自殺予防マニュアル）　※4
2002	過重労働による健康障害防止のための総合対策
2004	心の健康問題により休業した労働者の職場復帰支援の手引き
2006	安衛法の改正 労働者の心の健康の保持増進のための指針（本文参照） 過重労働による健康障害防止のための総合対策の改正 自殺対策基本法　※5
2007	自殺総合対策大綱（旧大綱）
2008	労働契約法の施行における第5条安全配慮義務
2009	「こころの耳」働く人のメンタルヘルス・ポータルサイト　※6 心の健康問題により休業した労働者の職場復帰支援の手引きの改訂 心理的負荷による精神障害等に係る業務上外の判断指針の改正
2011	心理的負荷による精神障害の認定基準　※7
2015	安衛法の改正 ストレスチェック制度（本書第10章参照）
2016	自殺対策基本法の改正
2017	自殺総合対策大綱の改訂
2018	第13次労働災害防止計画（本書第8章参照）　※8

（注）※1：第71条の2において「快適な職場環境を形成するように努めなければならない」と公示
　　　された。「快適」には二つの意味があり，一つは物理的環境の快適さ，もう一つは心理的環境
　　　の快適さであり，職場の人間関係を指している。
　　　※2：快適職場づくりが努力義務になったことを受けて，第71条の3の規定により「事業者が
　　　講ずべき快適な職場環境の形成のための措置に関する指針」（快適職場指針）が公表された。
　　　この指針の目指すものは，「仕事による疲労やストレスを感じることの少ない，働きやすい職
　　　場づくり」である。具体的には，作業環境，作業方法，疲労回復支援施設，職場生活支援施設
　　　を定めている（厚生労働省，2012）。
　　　※3：心理的負荷が原因で精神障害を患ったことによる労災請求事案が増加傾向にあることか
　　　ら，迅速で適正な業務上外の認定を図るために，判断指針が策定された。

※4：わが国では1998年ころから自殺者が急増し，その数が年間3万人を超えるような状態が続いていた。職場環境が労働者に対して高い負荷を与えていると思われる状況をふまえて，自殺予防の観点から必要な知識を普及する目的で，わかりやすくまとめた「職場における自殺の予防と対応」をマニュアルとして公表した。その後2007年に，精神障害の症状や早期発見のための方法，産業医や専門医に紹介する時期・方法等の充実を図るべく改訂が行われた。

※5：わが国において，自殺による死亡者数が高い水準で推移している状況から，誰も自殺に追い込まれることのない社会の実現を目指して施行された。自殺対策に関して基本理念を定め，総合的に推進して自殺の防止を図り，あわせて自殺者の親族等の支援の充実を図り，そして国民が健康で生きがいをもって暮らすことのできる社会の実現に寄与することを目的としている（厚生労働省，2019b）。

※6：厚生労働省によるサイト「こころの耳」では，「働く方へ」「ご家族の方へ」「事業者の方へ」「部下を持つ方へ」「支援する方へ」と対象者別に，働く人のメンタルヘルスに関する，現実に即した多種多様で役に立つ情報を提供している（厚生労働省，2019c）。

※7：仕事によるストレス（業務による心理的負荷）が関係した精神障害に関する労災請求が増え，その認定（発病した精神障害が業務上のものと認められるかの判断）を迅速に行うことが求められた。そのためにわかりやすい基準となるよう新たに定めたことにより，これに基づいて労災認定を行うことになった。

※8：昨今の労働災害は減少傾向にかげりが見えはじめており，かつてのような大幅な減少は望めない状況下にある（森，2018）。したがって，これまでとは異なった視点での対策が求められている（厚生労働省，2018c）。

安や悩み，ストレスがあるか」を問うたところ，「ある」と答える労働者の割合が調査ごとに増加し続けており，1997年には62.8％に達した。表10-1にあるように，自殺者も増加していることから国の対策が緊急課題だった（厚生労働省，2007）。

そこで，2000年に事業場における労働者の心の健康づくりのための指針が策定された（厚生労働省，2000）。本指針は，国が現状を鑑み，事業場における労働者の心の健康の保持増進を図るため，事業者が行うことが望ましい基本的な措置（**メンタルヘルスケア**）の，具体的な実施方法を総合的に示している。指針に示す措置の内容は，以下のとおりである。

①事業者は，事業場におけるメンタルヘルスケアの具体的な方法等について，基本的な事項を定めた「**心の健康づくり計画**」を策定すること。

②同計画に基づき，**4つのケア**（後述）を推進すること。この4つのケアが，統合されたシステムとして機能することが重要である。その実現のために，実行するしくみや体制を構築・整備することが，事業者には求められている。

③その円滑な推進のため，次の取り組みを行うこと。

・管理監督者や労働者に対して教育研修を行うこと

・職場環境等の改善を図ること

・労働者が自主的な相談を行いやすい体制を整えること

・メンタルヘルス不調により休業した労働者の職場復帰と職場適応の支援

労働者の心の健康の保持増進のための指針（2006年）：メンタルヘルス指針

　前述した旧メンタルヘルス指針の基本的な考え方や骨格を踏襲し，内容の充実化を施して，2006年に労働者の心の健康の保持増進のための指針が示された（厚生労働省，2006）。ここでは，4つのケアを継続的かつ計画的に実施し，メンタルヘルス不調に対する**3つの予防**（後述）が円滑に行われることが定められている。

表10-2　4つのケア

セルフケア 　事業者は労働者に対して，次に示すセルフケアが行えるように教育研修，情報提供を行うなどの支援をすることが重要です。 　また，管理監督者にとってもセルフケアは重要であり，事業者はセルフケアの対象として管理監督者も含めましょう。 ・ストレスやメンタルヘルスに対する正しい理解 ・ストレスチェックなどを活用したストレスへの気付き ・ストレスへの対処
ラインによるケア ・職場環境等の把握と改善 ・労働者からの相談対応 ・職場復帰における支援，など
事業場内産業保健スタッフ等によるケア 　事業場内産業保健スタッフ等は，セルフケア及びラインによるケアが効果的に実施されるよう，労働者及び管理監督者に対する支援を行うとともに，次に示す心の健康づくり計画の実施に当たり，中心的な役割を担うことになります。 ・具体的なメンタルヘルスケアの実施に関する企画立案 ・個人の健康情報の取扱い ・事業場外資源とのネットワークの形成やその窓口 ・職場復帰における支援，など
事業場外資源によるケア ・情報提供や助言を受けるなど，サービスの活用 ・ネットワークの形成 ・職場復帰における支援，など

（出所）厚生労働省（2017b）より作成

　この指針は労働安全衛生法の改正にともない，事業者の努力義務に位置づけられており，旧メンタルヘルス指針よりも重みのあるものになっている。本指針の公表により旧メンタルヘルス指針は廃止された。

改正「労働者の心の健康の保持増進のための指針」（2015年）

　「メンタルヘルス指針」は2015年に改正され，ここで事業者は，本指針にもとづいて「各事業場の実態に即した形で，**ストレスチェック制度**を含めたメンタルヘルスケアの実施に積極的に取り組むことが望ましい」と公示されている。

2-4　４つのメンタルヘルスケアの推進

　メンタルヘルス指針で示されている４つのケアの具体的な概要について，表10-2に示す。

3　職場における心の健康づくりの推進

3-1　心の健康づくり計画

　メンタルヘルス指針の「**心の健康づくり計画**」の項には，「事業者自らが事業場におけるメンタルヘルスケアを積極的に推進することを表明するとともに，その実施体制を確立する必要がある」と述べられている。メンタルヘルスケアは，中長期的視点に立って継続的かつ計画的に行うことが重要である。またその推進に当たっては，事業者が労働者の意見をふまえつつ事業場の実態に即した取り組みを行う。その際，労働者の健康情報の保護に配慮することも含めて衛生委員会（第２章2-1参照）等において十分に調査審議を行い，「心の健康づくり計画」を策定することが求められている。

　その活動の効果を上げるためには，**労働安全衛生マネジメントシステム**（第８章3-1参照）の流れに沿って，まず目的を明確にして体制を編成し，達成するために企画立案し，実践する。そしてその後にメンタルヘルス対策の効果評価を行い，問題点を見つけ出して改善し，次の計画につなぐという取り組みが重要である（廣，2016）。すなわち誰もが心身ともに健康で，いきいきと働き続

けることができる社会を目指す施策が望まれる。

　メンタルヘルスケアの実施とは，予防の観点から，メンタルヘルス不調を未然に防止する「**一次予防**」，メンタルヘルス不調を早期に発見し適切な措置を行う「**二次予防**」，メンタルヘルス不調から休業に入った労働者の職場復帰の支援等（厚生労働省，2013）を行う「**三次予防**」の**3つの予防**が，円滑に行われることである。

3-2　メンタルヘルスケアの進め方

　職場におけるメンタルヘルスケアは，メンタルヘルス不調者と健康を維持して働いている人への支援を，並行して同時に進めていくことが求められている。その進め方は，3つの予防をメンタルヘルス指針に定められている4つのケアで取り組んでいくことである（図10-2）。事業者はメンタルヘルスケアを積極的に推進するにあたって，表10-3に示した事項に留意する必要がある。

3-3　メンタルヘルス対策

　働く人の**メンタルヘルス対策**は，一般に労働安全衛生管理の中で健康管理の一環として行われている（種市，2018）。

　メンタルヘルス対策をリスク管理とコンプライアンスの面から考えるとき，その実施においてメンタルヘルス指針に準ずることは必須である。なぜなら，メンタルヘルス不調に陥った従業員への対応から民事訴訟に進んだ場合，通達や指針，法令を事業場が遵守していたかどうかが実際に問われているのである。

　メンタルヘルス対策には，「衛生委員会の実施」や「産業医等の選任（労働者50人以上の事業場）」など安衛法で義務づけられているものと，「心の健康づくりの策定」など努力目標とされているものに分けることができる。法律で義務づけられているものを優先して取り組むことは当然であるが，他の事項も事業場の実態と照らし合わせて積極的に取り組んでいくことが望ましい。実際の取り組みは事業場の業種，規模，組織形態，過去のメンタルヘルス対策の実態，他の産業保健活動の状況，事業場内産業保健スタッフの充足度，事業場外資源

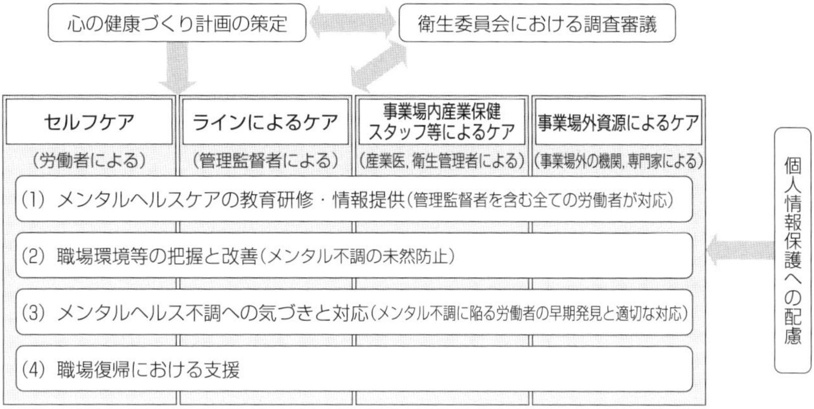

図 10-2　メンタルヘルスケアの具体的な進め方

（出所）厚生労働省（2017b）

表 10-3　メンタルヘルスケア推進における留意事項

①心の健康問題の特性
心の健康については，その評価には，本人から心身の状況の情報を取得する必要があり，さらに，心の健康問題の発生過程には個人差が大きいため，そのプロセスの把握が困難です。また，すべての労働者が心の問題を抱える可能性があるにもかかわらず，心の健康問題を抱える労働者に対して，健康問題以外の観点から評価が行われる傾向が強いという問題があります。
②労働者の個人情報の保護への配慮
メンタルヘルスケアを進めるに当たっては，健康情報を含む労働者の個人情報の保護及び労働者の意思の尊重に留意することが重要です。心の健康に関する情報の収集及び利用に当たっての，労働者の個人情報の保護への配慮は，労働者が安心してメンタルヘルスケアに参加できること，ひいてはメンタルヘルスケアがより効果的に推進されるための条件です。
③人事労務管理との関係
労働者の心の健康は，職場配置，人事異動，職場の組織等の人事労務管理と密接に関係する要因によって，より大きな影響を受けます。メンタルヘルスケアは，人事労務管理と連携しなければ，適切に進まない場合が多くあります。
④家庭・個人生活等の職場以外の問題
心の健康問題は，職場のストレス要因のみならず家庭・個人生活等の職場外のストレス要因の影響を受けている場合も多くあります。また，個人の要因等も心の健康問題に影響を与え，これらは複雑に関係し，相互に影響し合う場合が多くあります。

（出所）厚生労働省（2017b）より作成

の活用の可能性などによって，活動の優先順位や内容は大きく異なる（廣，2016）。

　平成29年労働安全衛生調査におけるメンタルヘルス対策への取り組み状況の結果によると，メンタルヘルス対策に取り組んでいる事業所の割合は58.4％であった（厚生労働省，2018a）。事業所規模別にみると，100人以上の従業員を抱える事業所では95％以上であったが，従業員数の少ない事業所では大規模事業所に比べ，対策への取り組みが進んでいないことがわかる。しかしながら，事業所におけるメンタルヘルス不調者の発生状況等から考えると，取り組む対策数とメンタルヘルス不調の発生防止が関係しているとはいいがたいようである。

　さらに，同調査結果から「メンタルヘルス対策の取組内容（複数回答）」をみると，「労働者のストレスの状況などについて調査票を用いて調査（ストレスチェック）」が64.3％ともっとも多く，次いで「メンタルヘルス対策に関する労働者への教育研修・情報提供」40.6％，「メンタルヘルス対策に関する事業所内での相談体制の整備」39.4％（第9章参照）となっている。このことから，法的な**ストレスチェック制度**（第11章参照）の導入の影響が大きいことがわかる。

3-4　産業精神保健の今後の課題

　これまでみてきたように，産業・労働分野におけるメンタルヘルス活動は，今後さらに多様化かつ複雑化していくと推測できる。この課題に適切に対応するためには，公認心理師を含む心理職の人材育成が強く求められるであろう。

　人材育成のために重要なことの一つに，産学官連携によって，大学などの教育機関と民間企業や政府・地方公共団体が連携して優れた人材の養成や輩出を担うということがある。また，心理職として実際に事業所に採用された後，現場で様々な経験を積むことやOJT・Off-JT[5]などから育成につなげることもある（第3章3節参照）。

→ **5**　OJT（on the job training）：上位者―部下間の発達指導関係。Off-JT（off the job training）：仕事を離れて実施される教育訓練（経営行動科学学会，2011）。

　心理職の活躍が期待される今後を鑑みると，専門職としての人材の養成や育成が一機関・一事業所のみで行われるのではなく，拡大した地域や国による継続的なかかわりの中で行われることが，必要かつ重要であろうと思われる。

❖❖考えてみよう

　あなたが，企業内心理職として健康管理センターに配置された場合，従業員のメンタルヘルス保持・増進のためにどのような対策に取り組むと効果的だと考えられるだろうか。そして，安心して働ける職場環境をどのように整備するとよいのだろうか，考えてみよう。

📖 もっと深く，広く学びたい人への文献紹介

廣 尚典（2013）．職場におけるメンタルヘルス対策の手引き——要説産業精神保健——　診断と治療社

　☞メンタルヘルスケアにおいて活動内容や方法だけではなく，基本的な考え方や心構えが述べられており，おおいに参考になる。

日本産業精神保健学会編（2011）．ここが知りたい職場のメンタルヘルスケア——精神医学＆精神医療との連携法——　南山堂

　☞国家有資格者である公認心理師が，産業・労働分野において活動する際に，押さえておかなければならない基礎知識と理論から実践までがコンパクトにまとめられている。

引用文献

経営行動科学学会（編）（2011）．経営行動科学ハンドブック　中央経済社

廣 尚典（2013）．職場におけるメンタルヘルス対策の手引き——要説産業精神保健——　診断と治療社

廣 尚典（2016）．メンタルヘルスケア　中央労働災害防止協会（編）　心の健康づくりのための心理相談担当者必携（pp. 11-39）　中央労働災害防止協会

厚生労働省（2000）．事業場における労働者の心の健康づくりのための指針について　https://www.mhlw.go.jp/www2/kisya/kijun/20000809_02_k/200008 09_02_k.html（2019年6月4日閲覧）

厚生労働省（2006）．労働者の心の健康の保持増進のための指針について　https://www.mhlw.go.jp/houdou/2006/03/h0331-1.html（2019年6月4日閲覧）

厚生労働省（2007）．自殺総合対策大綱　https://www.mhlw.go.jp/stf/seisakuni tsuite/bunya/hukushi.kaigo/seikatsuhogo/jisatsu/taikou290725.html（2019年12月7日閲覧）

厚生労働省（2012）．快適職場つくり　http://anzeninfo.mhlw.go.jp/yougo/yougo11_1.html（2019年6月4日閲覧）

厚生労働省（2013）．改訂　心の健康問題により休業した労働者の職場復帰支援の手引き　http://kokoro.mhlw.go.jp/brochure/worker/files/H25_Return.pdf（2019年6月4日閲覧）

厚生労働省（2016）．平成27年労働安全衛生調査（実態調査）　https://www.mhlw.go.jp/toukei/list/h27-46-50_kekka-gaiyo.pdf（2019年6月1日閲覧）

厚生労働省（2017a）．平成28年労働安全衛生調査（実態調査）　https://www.mhlw.go.jp/toukei/list/h28-46-50_kekka-gaiyo01.pdf（2019年6月1日閲覧）

厚生労働省（2017b）．職場における心の健康づくり　https://www.mhlw.go.jp/stf/seisakunitsuite/bunya/0000055195_00002.html（2019年12月7日閲覧）

厚生労働省（2018a）．平成29年労働安全衛生調査（実態調査）　https://www.mhlw.go.jp/toukei/list/h29-46-50_kekka-gaiyo01.pdf（2019年6月1日閲覧）

厚生労働省（2018b）．平成29年度「過労死等の労災補償状況」　https://www.mhlw.go.jp/stf/newpage_00039.html（2019年6月4日閲覧）

厚生労働省（2018c）．第13次労働災害防止計画について　https://www.mhlw.go.jp/stf/seisakunitsuite/bunya/0000197309.html（2019年6月4日閲覧）

厚生労働省（2019a）．平成30年労働安全衛生調査（実態調査）　https://www.mhlw.go.jp/toukei/list/dl/h30-46-50_kekka-gaiyo01.pdf（2019年8月22日閲覧）

厚生労働省（2019b）．自殺対策　https://www.mhlw.go.jp/stf/seisakunitsuite/bunya/hukushi_kaigo/seikatsuhogo/jisatsu/index.html（2019年6月4日閲覧）

厚生労働省（2019c）．こころの耳：働く人のメンタルヘルス・ポータルサイト　http://kokoro.mhlw.go.jp/（2019年6月4日閲覧）

森　晃爾（2018）．産業保健ハンドブック　労働調査会出版局

森崎　美奈子（2016）．金井　篤子（編）　産業心理臨床実践（pp.89-101）　ナカニシヤ出版

種市　康太郎（2018）．労働者の心の健康に関する法令や指針　日本心理研修センター（編）　公認心理師現任者講習会テキスト（pp.104-114）　金剛出版

参考文献

働く人の健康づくりの動向（2017）．中央労働災害防止協会　https://www.jisha.or.jp/health/thp/index.html（2019年6月4日閲覧）

厚生労働省（2010）．職場における自殺の予防と対応　http://kokoro.mhlw.go.

jp/brochure/worker/files/H22_jisatsu_yobou_taiou.pdf（2019年 6 月 4 日閲覧）

厚生労働省　職場のあんぜんサイト　https://anzeninfo.mhlw.go.jp（2019年 6 月 4 日閲覧）

厚生労働省　労働安全衛生に関する調査　https://www.mhlw.go.jp/toukei/list/list46-50.html（2019年 6 月 4 日閲覧）

厚生労働省保険局　コラボヘルスガイドライン

三宅 美樹（2014）．働く人のメンタルヘルス　加藤 容子・小倉 祥子・三宅 美樹　わたしのキャリア・デザイン（pp. 136-176）　ナカニシヤ出版

大塚 泰正（2017）．職場のメンタルヘルス対策の実際――1 次予防，2 次予防，3 次予防――　島津 明人（編）　産業保健心理学（pp. 66-88）　ナカニシヤ出版

東京労働局　高年齢労働者の安全と健康　https://jsite.mhlw.go.jp/tokyo-roudoukyoku/var/rev0/0146/6394/konenrei.pdf（2019年12月 7 日閲覧）

第11章 ストレスチェック制度
——メンタルヘルス不調の未然防止のために

清 水 康 代

> 労働安全衛生法の一部改正を受け，2015年12月1日より**ストレスチェック制度**（以下，ストレスチェック）の導入が施行された。ストレスチェックとは，ストレスに関する質問票（選択回答）に労働者が記入し，それを集計・分析することで自分のストレスがどのような状態にあるのかを調べる検査である。この制度の導入により，企業内での心理職（公認心理師）のニーズが高まってきている。というのも，ストレスチェックを通してメンタルヘルスの重要性が周知されてきたためである。具体的な業務は多岐にわたるため，その内容を紹介する。

1 ストレスチェックについて

1-1 ストレスチェックの目標と目的

　厚生労働省（2017b）の労働安全衛生調査によると，仕事や職業生活に関して強い不安，悩みそしてストレスを感じている労働者は58.3％と高い比率である。仕事による強いストレスが原因で精神疾患を発病し，**労災認定**される労働者は，年々増加傾向にあり，労働者のメンタルヘルス不調を未然に防止することがますます重要な課題となっている（厚生労働省労働基準局，2018）（図11-1）。企業内で労働者が労災認定されると，企業活動に大きな影響を与えることになる。

　また，自殺者の推移は2012年に15年ぶりに3万人を下回って以降，年々減少している。しかし，自殺者全体のうち被雇用者の比率は2017年30％，2018年

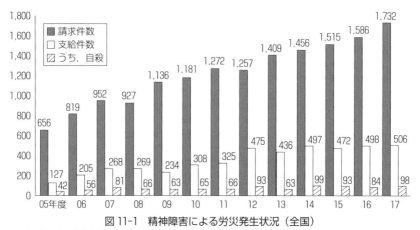

図 11-1　精神障害による労災発生状況（全国）

（出所）厚生労働省労働基準局（2018）

31％と，依然大きな割合を占めており，産業保健において大きな課題であり続けている（厚生労働省社会援護局，2019）。

　一方で，企業は，営利を目的として経済活動を行うものである。社員一人ひとりが生活をしていくためには経済活動は必要であり，それにつながる生産活動の向上を目指すことは企業にとって必須である。たとえば職場の一人がメンタルヘルス不調になると，代わりに周囲の人が業務を代替することになる。日ごろの業務とは異なり，慣れていない業務を引き受けることにより，一人あたりの業務量および残業時間が増えることにもなる。つまり，ある労働者がメンタルヘルス不調になると，他の労働者にさらなる物理的な業務負荷と心理的な負担をかけることになる。実際，不調となった労働者が「もし休んだら周りに負担をかける。申し訳ない思いでいっぱいになる。だから休めないし，休みたくない」と悩むことはよくある。また内閣府の調査によると，年収約600万円の人が6か月間休職する場合，420万円前後の追加コストがかかると試算されている（内閣府男女共同参画局，2008）。

　以上により，メンタルヘルス不調を未然に防止する対策（一次予防）が必要かつ重要になってくる。そこでストレスチェックは，メンタルヘルス不調を未然に防止することを目標に施行された。さらにその目的は，労働者のストレス

状況の調査結果から，職場に働きかけることにより職場環境改善を行い，働きやすい職場の実現につなげていく，ひいては労働者の精神的健康を増進し，生産性を向上させ，企業の健全な発展に導いていくことである。

　そこで，公認心理師を含む産業保健スタッフはストレスチェックのデータを用いて，大きく分けて次の2種のアプローチを行うことになる。「個人」と「職場」である。個人への対応は2節で職場への対応は3節で述べていく。

1-2　ストレスチェックの内容（対象，調査項目）

　改正労働安全衛生法では，労働者が50人以上いる事業場ですべての労働者にストレスチェックの実施が義務化されている。なお50人未満の事業場には努力義務とされ，これについては，ストレスチェックや面接指導を実施した場合の費用を助成する制度がある（労働者健康安全機構が実施）。なお実施後は**労働基準監督署**への報告義務がある。

　調査項目について，厚生労働省は「**職業性ストレス簡易調査票57項目**」を推奨している（図11-2）。これは4件法により調査するものである。また57項目から抜粋した23項目の簡易版もあるが（厚生労働省HPで公開），57項目と23項目とでは回答時間が数分しか変わらないため，57項目を使用している企業が多い。さらに，組織に関する設問が追加された80項目，120項目がある。ここでは職場環境，**ハラスメントやワーク・エンゲイジメント**（第7章参照），**ワーク・ライフ・バランス**に関する設問が追加されている。これらは，集団分析を実施し職場の風土の解析に有効な設問である。その他の質問紙を採用する場合でも，①ストレスの原因，②ストレスによる心身の自覚症状，③働く人に対する周囲のサポートの三つに関する質問項目が含まれている必要がある。これは**NIOSHの職業性ストレスモデル**（第7章1-3参照）にもとづいた要素である。また，各企業，外部EAP（第9章2-3参照）も独自の質問項目を追加し，よりよい調査へと検討が重ねられている。

　実際の事業場での実施率の調査結果によると（厚生労働省，2017a），約80%の労働者が回答していると報告されている。義務化されていることをかんがみ

A．あなたの仕事についてうかがいます。
　1．非常にたくさんの仕事をしなければならない
　2．時間内に仕事が処理しきれない
　3．一生懸命働かなければならない
　4．かなり注意を集中する必要がある
　5．高度の知識や技術が必要なむずかしい仕事だ
　6．勤務時間中はいつも仕事のことを考えていなければならない
　7．からだを大変よく使う仕事だ
　8．自分のペースで仕事ができる
　9．自分で仕事の順番・やり方を決めることができる
　10．職場の仕事の方針に自分の意見を反映できる
　11．自分の技能や知識を仕事で使うことが少ない
　12．私の部署内で意見のくい違いがある
　13．私の部署と他の部署とはうまが合わない
　14．私の職場の雰囲気は友好的である
　15．私の職場の作業環境（騒音，照明，温度，換気など）はよくない
　16．仕事の内容は自分にあっている
　17．働きがいのある仕事だ
B．最近1か月間のあなたの状態についてうかがいます。
　1．活気がいてくる　　　　　　　16．気分が晴れない
　2．元気がいっぱいだ　　　　　　17．仕事が手につかない
　3．生き生きする　　　　　　　　18．悲しいと感じる
　4．怒りを感じる　　　　　　　　19．めまいがする
　5．内心腹立たしい　　　　　　　20．体のふしぶしが痛む
　6．イライラしている　　　　　　21．頭が重かったり頭痛がする
　7．ひどく疲れた　　　　　　　　22．首筋や肩がこる
　8．へとへとだ　　　　　　　　　23．腰が痛い
　9．だるい　　　　　　　　　　　24．目が疲れる
　10．気がはりつめている　　　　　25．動悸や息切れがする
　11．不安だ　　　　　　　　　　　26．胃腸の具合が悪い
　12．落着かない　　　　　　　　　27．食欲がない
　13．ゆううつだ　　　　　　　　　28．便秘や下痢をする
　14．何をするのも面倒だ　　　　　29．よく眠れない
　15．物事に集中できない
C．あなたの周りの方々についてうかがいます。
　次の人たちとはどのくらい気軽に話ができますか？
　1．上司　　　　　　　　　　3．配偶者，家族，友人等
　2．職場の同僚
　あなたが困った時，次の人たちはどのくらい頼りになりますか？
　4．上司　　　　　　　　　　6．配偶者，家族，友人等
　5．職場の同僚
　あなたの個人的な問題を相談したら，次の人たちはどのくらい聞いてくれますか？
　7．上司　　　　　　　　　　9．配偶者，家族，友人等
　8．職場の同僚
D．満足度について
　1．仕事に満足だ　　　　　　2．家庭生活に満足だ

図11-2　職業性ストレス簡易調査票の項目（57項目）
（出所）厚生労働省（2019）

ると，十分高いとはいいがたい。ストレスチェック導入の目的を果たすためにも，実施率の向上を目指すことが課題である。

　さらに，自己記入式の調査であるため作為が可能になるが，だからこそ正直に回答することが必要である。実際に，「悪い結果が出ると，人事評価に影響するのではないかと思い正直に答えられなかった」という労働者の声を聞くこともある。したがって抑うつ状態のスクリーニングではないこと，人事評価には結びつかないことを明確に伝えることが大切である。また，事業者にとっても，労働者個人が正直に回答することで，正確な職場風土を認識することができ，職場改善への対策を立てることができる。すなわち正直な回答は労働者と事業者側の双方にとって有益である。正直な回答を実現するためには，個人結果に関する情報の守秘義務を徹底する必要がある。回答結果を見ることができるのは，産業医，産業保健スタッフと一部の実施事務従事者のみであるため，これを周知徹底する。このように安心して回答できる制度と風土をつくることにより，社内での信頼関係が促進される。つまり，労働者，事業者側の双方の信頼関係構築も隠れた目的の一つであるといえる（渡辺・中西，2015）。

1-3　実施者

　ストレスチェックの実施者は，ストレスチェックを実施し，その結果をふまえ，個人への面接指導の必要性を判断する者である。実施者は，産業保健および産業精神保健に関する知識を有する医師，保健師，必要な研修を受けた看護師，精神保健福祉士，歯科医師，および公認心理師とされている。

1-4　実施方法

　実施については職場の安全衛生委員会等の場で，ストレスチェック実施の承認を得ておく必要がある。また実施状況等についても安全衛生委員会で報告しておくことが望ましい。安全衛生委員会は職場の労使がともに集まる場であり，メンタルヘルスに対する関心を高める意味でも有効な会議である。また，ストレスチェックの年間の実施計画を周知し，ストレスチェックの実施とその後の

☕️コラム　産業現場で必要とされるプレゼンテーション能力

産業・労働分野の現場では，産業保健担当者のプレゼンテーション能力は必須である。プレゼンテーションを行う内容は，ストレスチェックの結果のフィードバック，ストレスチェックの趣旨説明，職場の現在の状況など多岐にわたる。その際たとえば，トヨタ系列の会社では，資料はA3一枚にまとめるという文化がある（朝田，2015）ことに注目したい。すなわち，「ひと目見てわかる」視覚に訴えた書面のまとめ方が必要だといえる。わかりやすく伝えるためには，図表にできるものはできるだけ図表で表し，文章は短くする。専門用語はなるべく使わずに，表現すること。わかりづらい言葉はより一般的な言葉に言いかえ，解説をつけておくことも大切である。また，各職場の文化に合わせた説明は聴く側には理解しやすいため，そういった聴く人の立場に立った説明の工夫が求められる。

表11-1　ストレスチェックにおける PDCA

PDCA	内　　　　容
Plan（計画）	ストレスチェック，特に集団分析と職場環境改善についての指針作成実施計画のデザイン
Do（実行）	(1)　ストレスチェックの実施
	(2)　集団分析
	(3)　職場報告　事業者・幹部向け
	(4)　職場報告　個別職場
	(5)　職場環境改善
Check（評価）	参加者の意見等プロセス評価　各指標の変化
Act（改善）	次年度以降の実施手順，実施方法の見直し

（出所）厚生労働省（2018）

職場改善活動を含め PDCA サイクル（Plan → Do → Check → Action）を回していく過程を共有しておくことも望ましい（厚生労働省，2018）（表11-1）。

2　個人への対応

2-1　個人結果のフィードバック

　ストレスチェックを実施した後は，個人に対してその結果を伝えるが，これは自身のストレス状態に対して気づきを促すことを目的としたものである。結

果は三つの領域に分けられている。A：**仕事のストレス要因**，B：**心身のストレス反応**，C：**周囲のサポート**である。労働者はこのフィードバックを受けてセルフケアにつなげることが期待されている。

　また実施者は，回答結果を用いて，**高ストレス者**を選別する。高ストレス者の選別については一定の基準が設けられており，①「心身の自覚症状」に関する項目の評

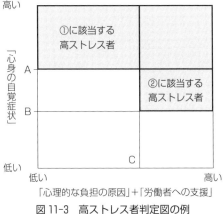

図 11-3　高ストレス者判定図の例
（出所）厚生労働省（2019）

価点数の合計が高い者と，②「心身の自覚症状」に関する項目の評価点数の合計が一定以上かつ，「心理的な負担の原因」＋「労働者への支援」の評価点数の高い人（図11-3参照）とされている。各企業で，高ストレス者率が10％前後となるように，数値を定めてもよいとされている。

2-2　医師による面接指導と補足的面談

　ストレスチェックによって判定された高ストレス者のうち，希望者に対しては医師による面接指導を実施する（図11-4）。この目的はメンタルヘルス不調者を早期発見すること（二次予防）である。そのため，面接の申し出をしやすい環境を整える必要がある。その一案として，敷居が高くなりがちな医師による面接の前に，**補足的面談**として産業保健スタッフが面談を行い，医師につなげることもある。また補足的面談によって事前に情報を集めると，医師による面接指導の時間が削減できることにもなる。

　高ストレス状態にあっても，面接を希望しない人がいる。実際に，ストレスチェックを受けた労働者のうち，面接を受けた人は0.6％と低い水準となっている（厚生労働省，2017a）。高ストレスだったが面接を受けなかった人へのアンケート調査結果では，「面接指導がどのように役立つのかが分からなかった」

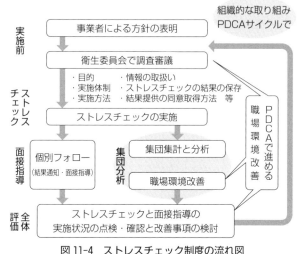

図11-4　ストレスチェック制度の流れ図
（出所）厚生労働省（2019）をもとに筆者作成

（36％），「面接指導の必要性を感じなかった」（29％），「時間がなかった」（20％）という回答が多かった。したがって医師面接の目的や有用性に関する情報を労働者に提供することは，医師面接実施率の改善につながると思われる（川上，2018）。

2-3　セルフケアの支援

働く人の健康管理において，会社は安全配慮義務を負い，労働者は自己保健義務を負う。そこで自己保健，つまり「自分の健康は自分で守る」セルフケアを支援していく活動が必要になってくる。

職場では精神疾患に対する偏見が多くある。たとえば抑うつ状態に対しては「気合が足りないから，やる気がないだけ」などと認識されたり，その一方で「腫れ物にさわる」ような感覚で受けとめられる場合もある。したがって，セルフケアを促すための教育・研修では，精神障害は「気持ちのもちよう」といった精神論的な状態ではなく，「脳の機能障害」として生じている状態であることを解説することが重要だといえる。さらにメンタルヘルス研修の主な内容

としては，ストレスに関する基礎知識から，**ストレスコーピング**（第７章参照），**認知行動療法**，SOC（Sense of Coherence：**首尾一貫感覚**），**レジリエンス**，アサーショントレーニング，自律訓練法などが挙げられる。研修時に社内での相談窓口利用のよびかけをすることも大切である。

　研修以外には，社内でのホームページや掲示板，社内報，ｅラーニング等でセルフケアのよびかけを行う例もある。各々の事業場においてどのようなツールが使用可能で，かつ効果のある方法かを模索することも大切である。

3　職場への対応

3-1　集団分析

　ストレスチェックの回答結果を用いて，部署などの集団ごとに分析を行うことを**集団分析**という。集団分析を行う単位は，厚生労働省（2019）の指針によると，個人情報が特定されない人数として10人以上とされている。

　この集団分析の実施については，法定では努力義務となっているが，ストレスチェックを実施した企業（事業場）の約８割が実施しており，多くの企業でその活用が試みられている現状といえる（厚生労働省，2017a）。

3-2　集団分析の分析項目

　集団分析の中で，重要な指標となるものは複数ある。総合健康リスク値は仕事の量的負荷，仕事のコントロール，上司の支援，同僚の支援の指標から導き出す数値であり，100を標準とし，高いほど悪い数値となる。**仕事のストレス判定図**を図11-5 に示す（厚生労働省，2019）。各項目の点数をプロットし，プロットされた斜めの軸の値が総合健康リスク値となる。

　総合健康リスク値等の数値は，社内でメンタルヘルスの重要性を周知する場合においてもエビデンスとして非常に重要な視点となる。ストレスチェックの実施以前は明確な指標がなく，「数値化できない＝よくわからない」印象があった。しかし実施後は数値化することによりストレスの程度がより明確になる

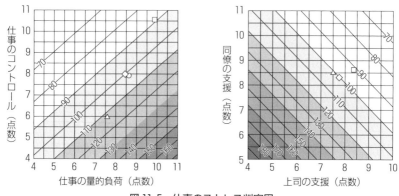

図 11-5　仕事のストレス判定図

（出所）厚生労働省（2015）

ため，メンタルヘルス対策を実施していく上で重要な指標となっている。

3-3　集団分析結果のフィードバック

　集団分析結果は集団ごとにフィードバックされる。この結果を説明する際は，ストレスチェックにもとづいた定量的データに加え，産業保健スタッフによる日ごろの相談対応から感じている課題などの定性的な実感と合わせて説明することで，職場の管理職や労働者が当事者意識をもってとらえることができる。またこのフィードバック時には，産業保健スタッフが一方的に説明するだけでなく，管理職等が感じている職場の問題点や課題も聞くことができるため，各職場の傾向や風土と課題をより深く理解していくことが可能になる。

　このフィードバック時に大切なことは，課題となる悪い結果を提示するだけでなく，よい結果を提示して強みをさらに生かすという視点から支援することである。そもそも管理職は，管理する立場から部下や職場の弱点を克服することに注視しがちである。しかし**ポジティブ心理学**の知見からも，強みを生かすことで，よりモティベーションをあげることができることが明らかとなっている。このように，集団分析結果を職場の管理職に説明する場は，心理職が定量的データと定性的な実感の両側面からのコンサルテーションを実施する場としても有効であるといえるだろう。

　なおこの集団分析を組織のトップに理解してもらうことは非常に重要であると考えられる。業務上の指示命令は，トップダウンによるものが多い。したがって，ストレスチェックの集団分析結果が組織内の意識調査結果としてマネジメントに有効活用できることが，組織のトップに理解されると，全体のメンタルヘルスへの意識も自ずと高まっていくと期待される。

3-4　職場環境改善活動

　集団分析にともなって，職場における環境改善活動が行われることが望ましいとされている。各職場での環境改善活動では，事前の分析や準備を入念に行い，その職場のニーズと現状に合った内容のワークショップを行うことが大切である。

　職場環境改善活動の一般的な方法として**職場環境改善のためのヒント集（メンタルヘルスアクションチェックリスト）**を使用した方法がある（表11-2）。メン

表11-2　メンタルヘルスアクションチェックリスト（一部抜粋）

領域		アクション項目	「仕事のストレス判定図」との対応			
			仕事の量的負担	仕事のコントロール	上司の支援	同僚の支援
A	作業計画の参加と情報の共有	1．作業の日程作成に参加する手順を定める 作業分担や日程についての計画作成に，作業者と管理監督者が参加する機会を設ける。		◎		
		2．少人数単位の裁量範囲を増やす 具体的なすすめ方や作業順序について，少人数単位または作業担当者ごとに決定できる範囲を増やしたり，再調整する。		◎		
		3．個人あたりの過大な作業量があれば見直す 特定のチーム，または特定の個人あたりの作業量が過大になる場合があるかどうかを点検して，必要な改善を行なう。	◎	○	○	○
		4．各自の分担作業を達成感あるものにする 分担範囲の拡大や多能化などにより，単調な作業ではなく，個人の技量を生かした達成感が得られる作業にする。		◎	○	
		5．必要な情報が全員に正しく伝わるようにする 朝の短時間ミーティングなどの情報交換の場を設け，作業目標や手順が各人に伝わり，チーム作業が円滑に行なえるように，必要な情報が職場の全員に正しく伝わり，共有できるようにする。		◎	○	○

（出所）厚生労働省（2004）より作成

☕ コラム　職場環境改善活動の実際

　筆者の所属先が行った職場環境改善活動プログラムは，主に三つある。①部長支援型，②リーダー参加型，③研修型である。

　①部長支援型とは，基本的には部長自身が対策を考えるという内容である。ここでは2事例を紹介する。ある部長は，部長自身がコーチング教育を受け，それを職場で活かしたり，職場内でミーティングや情報共有の機会を増やしたり，無駄な会議を削減する等の取り組みを行った。別のある部長は，各課長にそれぞれの課のストレスチェック結果を個別に説明し，結果をふまえあらためて職場を見るよう指示した。また，職場のハラスメントが疑われる職場には，部長自ら何度も職場巡視に行き，ヒアリング等を行った。以上の2事例はともに，取り組み状況を健康管理部門から部長に継続的に確認するとともに，部長自身の行動促進につながるよう情報提供等を行った。

　②リーダー参加型とは，職場のリーダー層に対し，グループワークを行うという内容である。ここでは高ストレス職場の一事例を紹介する。高ストレス職場では，はじめから集団でグループワークを実施すると，本音が十分出てこない可能性も考えられたため，まずは各リーダーに個別面談を実施した。その後，ストレスチェック結果の統計的な関連性を見るために重回帰分析を行い，分析結果と個別面談結果をまとめ，部長に報告した。部長は，ワーク・エンゲイジメントに注目した。その点をふまえ，リーダー層に対しグループワークを実施した。グループワークでは，個別面談で聞かれた意見を抜粋して伝え，ワーク・エンゲイジメント向上を目指し，ほめるワークを行った。ふだんからほめることをしていない社員にとっては，少し不慣れな体験であったが，「ほめる大切さを実感した」「ふだん，いかに人をほめていないかがわかった」という前向きな意見が多く聞かれた。また，部長自身がすべてのコミュニケーションはあいさつから始まるという考えをもっていたこともあり，ストレスチェック結果をふまえて部内ポスターを作成し職場内で展開したその結果，翌年には総合健康リスク値が114から102へ改善した（清水他，2018）。

　職場環境改善活動のポイントは，いかにして実施主体を健康管理部門から職場に変えていくことができるかである。健康管理部門が主体となって進めていては，いつまで経っても職場にとっては他人ごとでしかない。職場が自分ごととして考えるためには，トップを動機づけていくことがもっとも重要である。一方ですべてを職場任せにしてしまうと，目の前の業務が優先となり，職場改善は後手対応になり，長続きしない可能性もある。そのため，健康管理部門が一種のスパイスのような役割になり，職場をサポートすることが望ましいと思われる。

タルヘルスアクションチェックリストは，職場環境改善の事例を編集し作成された
れたものであり，仕事のストレス判定図に対応した内容になっている。この表
を用いながらグループワークを実施すると意見も出やすい。

　なお，各企業での特徴を活かした職場環境改善活動の事例は厚生労働省のポ
ータルサイト「こころの耳」や，日本産業ストレス学会ホームページにも掲載
されているため，参考にされたい。

　ストレスチェックの目的は，メンタルヘルス不調の未然防止にある。したが
って，ストレスチェックの結果を活用し，効率よく職場環境改善活動を行うこ
とが大切である。しかし，職場環境改善活動にまでつながっていない職場も多
くあるため，職場環境改善活動を活発にしていくことが今後の課題である。

　職場風土がよくなるためには，人事施策・制度（処遇，賃金体系，評価等），
人員配置，部署の統廃合，長時間労働の対策，コミュニケーションや，リーダ
ーシップの促進等，ソフト面とハード面の多面的な改善が求められる。そこに
は，各職場，人事部門，総務部門，労務部門，安全衛生部門，健康管理部門等，
あらゆる部署の意識が，職場風土を改善したいという思いで一致することが必
要だと考えられる。そしてその意識を生み出すきっかけの一つが，この職場環
境改善活動であるといえるだろう。

❖考えてみよう
　「こころの耳」の中の「5分でできるストレスセルフチェック」を実施し，自
　分のストレス状態を知った上で，セルフケアに取り組んでみよう。

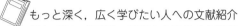 もっと深く，広く学びたい人への文献紹介

川上　憲人（2017）．基礎からはじめる職場のメンタルヘルス　大修館書店
　　☞ストレスチェックの基礎をつくった研究班の班長による概論書である。職
　　　場のメンタルヘルスに関する基礎的な知識が満載である。
島津　明人（2014）．職場のストレスマネジメント──セルフケア教育企画・実施
　　マニュアル──　誠信書房
　　☞セルフケア研修などで用いる実際のパワーポイントの事例も載っていて有
　　　用である。

引用文献

朝田 すぐる（2015）．トヨタで学んだ「紙1枚！」にまとめる技術　サンマーク
　　出版

川上 憲人（2018）．ストレスチェック制度による労働者のメンタルヘルス不調の
　　予防と職場環境改善効果に関する研究　厚生労働省厚生労働科学研究費補助
　　金労働安全衛生総合研究事業平成27〜29年度総合研究報告書　https://men
　　tal.m.u-tokyo.ac.jp/jstress/H27_29%E3%82%B9%E3%83%88%E3%83%AC%
　　E3%82%B9%E3%83%81%E3%82%A7%E3%83%83%E3%82%AF%E7%8F%A
　　D%E7%B7%8F%E5%90%88%E5%A0%B1%E5%91%8A%E6%9B%B8.pdf
　　（2019年5月31日閲覧）

厚生労働省（2004）．職場改善のためのヒント集（メンタルヘルスアクションチ
　　ェックリスト）　こころの耳　http://kokoro.mhlw.go.jp/manual/hint_shoku
　　ba_kaizen/（2019年5月31日閲覧）

厚生労働省（2015）．改正労働安全衛生法に基づくストレスチェック制度につい
　　て　https://www.mhlw.go.jp/bunya/roudoukijun/anzeneisei12/pdf/150422-
　　1.pdf（2019年5月31日閲覧）

厚生労働省（2017a）．ストレスチェック制度の実施状況　https://www.mhlw.
　　go.jp/stf/houdou/0000172107.html（2019年5月31日閲覧）

厚生労働省（2017b）．平成28年「労働安全衛生調査（実態調査）」の概況　労働
　　者調査　http://www.mhlw.go.jp/toukei/list/list46-50.html（2019年5月31
　　日閲覧）

厚生労働省（2018）．これからはじめる職場環境改善　https://www.johas.go.jp/
　　Portals/0/data0/sanpo/material/download/H30syokubakaizen.pdf（2019年
　　5月31日閲覧）

厚生労働省（2019）．労働安全衛生法に基づくストレスチェック制度実施マニュ
　　アル　https://www.mhlw.go.jp/content/000533925.pdf（2019年12月7日閲
　　覧）

厚生労働省労働基準局（2018）．精神障害の労災補償状況　https://www.mhlw.
　　go.jp/stf/newpage_00039.html（2019年5月31日閲覧）

厚生労働省社会援護局総務課自殺対策推進室警察庁生活安全局生活安全企画課
　　（2019）．平成30年中における自殺の状況　https://www.mhlw.go.jp/con
　　tent/H30kakutei-01.pdf（2019年5月31日閲覧）

内閣府男女共同参画局（2008）．企業が仕事と生活の調和に取り組むメリット
　　http://www.gender.go.jp/kaigi/senmon/wlb/pdf/wlb-kigyoumeritto.pdf
　　（2019年5月31日閲覧）

清水 康代・山田 実子・春藤 行敏・林 千世・中島 淑貴・清水 政彦・三嶋 正
　　芳（2018）．ワーク・エンゲイジメントに焦点を当てた職場改善活動事例報

　告　日本産業精神保健学会　第25回大会発表論文集

渡辺 洋一郎・中西 史子（2015）．ストレスチェック制度の狙いと課題　日本生
　産性本部

第12章 多様性に配慮した支援
──あらゆる人がいきいきと働くために

坊　隆史

> 産業・労働分野では，様々な人たちが仕事に従事している。定められた就業ルール内で力量を発揮できる人だけではなく，育児や介護のためフルタイムで働けない人，障害や疾病を抱えた人，外国籍をもつ人など多種多様である。また，個々のワーク・ライフ・バランスも様々であり，多様な働き方ができるよう法整備が整いつつある。産業・労働分野における心理職（公認心理師）はこのような働く人の多様性を理解しておくことが求められる。本章では，多様な働き方に関する主なテーマおよび制度について概観した上で，心理職（公認心理師）としての役割と課題について紹介する。

1　働き方改革と両立支援

1-1　働き方改革とは

日本人の働き方は，時代の変遷にともなって大きく変わってきた。従来の終身雇用や年功序列制度が保障されなくなり，過重労働による長時間労働，少子高齢化による労働人口の減少，働く人のニーズの多様化がクローズアップされるようになってきた。こうした課題を解決するために，厚生労働省が掲げたキーワードが「**働き方改革**」である。働き方改革の基本的な考え方は，「働く人々が，個々の事情に応じた多様で柔軟な働き方を，自分で『選択』できるための改革」（厚生労働省，2019a）であり，2019年4月には，一億総活躍社会の実現に向け，働き方に関連する労働基準法を含む労働関係の八つの法律が施行

された（第2章参照）。

　働き方改革のねらいとして，勤務制度の見直しがある。たとえば，在宅勤務やモバイルワークなどの**テレワーク**，子育てや介護をしながらでも働くことのできる時短勤務や**フレックスタイム制**をとりいれる職場が増えてきている。またたんに労働時間を抑制するだけでなく，勤務の終業時間と翌日の就業開始時間に一定時間の間隔を空ける**勤務間インターバル**が事業主の努力義務として規定されるようになった。こうした取り組みは，従来の環境整備型から，多様な働き方ができるしくみ，高品質な働き方ができるしくみ（吉岡・根本・折本，2018）へと変容を目指しているといえよう。

　働き方改革のもう一つのねらいとして，あらゆる人が職場に参加できる環境づくりがある。こうした多様な人の多様な働き方に関する考え方や施策を**ダイバーシティ**という。ダイバーシティは多様性と訳されるが，産業・労働分野においては“人と働き方の多様さ”を意味する。ダイバーシティに関連する代表的なテーマとして，女性活躍推進，職場のLGBT（詳細は本章末「文献紹介」），障害者支援（本章3節）などがある。

1-2　両立支援とは

　働き盛りの世代の中には，子育てや介護，重い病気によって，就労の継続が困難になることがある。こうした不本意な退職を防ぎ，就労を継続するための取り組みを**両立支援**という。両立支援には主に就労と介護，育児，疾病の3種類の支援がある（第9章1節も参照）。

　介護や育児においては，2017年には「育児休業，介護休業等育児又は家族介護を行う労働者の福祉に関する法律（**育児・介護休業法**）」が改正され，育児による休暇制度を設けることが事業者の努力義務になるなど，両立支援の実現に向けて法整備が進められている。

　また長期疾病や慢性疾患，障害によって健常者と同じフルタイムでは勤務できない人たちに対して，治療と仕事が両立できるための取り組みが進められつつある。治療と仕事の両立支援に関しては，厚生労働省（2019b）より「**事業**

場における治療と仕事の両立支援のためのガイドライン（改訂版）」が公表されており，当事者やその家族，職場が配慮すべき事項が具体的に紹介されている。

1-3　公認心理師としての役割

産業・労働分野における公認心理師は，労働施策や多様な働き方にも日ごろから関心を向けることが望ましい。なぜなら**心理─社会─生物モデル**にもとづいて支援を行う際，社会面，つまり社会的背景や制度を把握しておくことが必要だからである。

しかしながら，公認心理師がすべてを抱える必要はない。支援を要する人たちに対しては，心理学に関する専門知識および技術をもつことは当然であるが，必要に応じて他職種や関係者との連携を果たすとよい。働き方に関する支援を行う際であっても，公認心理師の支援のあり方は，他領域の支援と同様である。

2　職場復帰支援

2-1　職場復帰支援とは

労働者の中にはその職業人生のうち，安定した勤務を継続することができず休業にいたる場合がある。休業といっても育児，介護，労働災害，私傷病など理由は多岐にわたる。いずれも公認心理師の支援対象であるが，本節では**メンタルヘルス不調による休業者の職場復帰支援**について紹介する。

厚生労働省（2021a）の令和2年労働安全衛生調査によると，過去1年間にメンタルヘルス不調により連続1か月休業した労働者の割合は，常用労働者全体の0.4％であった。労働者人口をおおよそ6,500万人と計算すると，およそ26

表 12-1　メンタルヘルス不調による休業者の復職後の累積再病休率

復職日からの時間	累積再病休率
6か月	19.3%
12か月（1年）	28.3%
18か月	34.0%
24か月（2年）	37.7%
3年	42.0%
4年	47.1%

（出所）遠藤他（2017）を改変

万人におよぶ。メンタルヘルス不調による休業者は再発率が高く，遠藤・杉田・大崎・春山（2017）の調査によると復職後4年内の累積再病休率は47.1％におよぶとの報告がある（表12-1）。職場復帰支援はただ休業者を復職させるだけでなく，再発させないよう復職後のアプローチも欠かせない。

2-2　職場復帰支援の流れ

　休業者の職場復帰は，主治医が作成した診断書の発行のみで判断されるものではない。安定した勤務を継続するためには適切な職場復帰のプロセスが必要である。メンタルヘルス不調による休業の職場復帰支援については，厚生労働省から公表されている「**心の健康問題により休業した労働者の職場復帰支援の手引き――メンタルヘルス対策における職場復帰支援**（以下，**職場復帰支援の手引き**）」の五つのステップ（図12-1）に沿った支援を行うことが推奨されている。

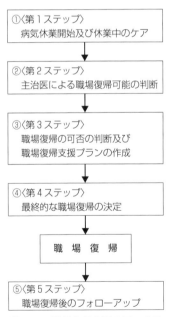

図 12-1　職場復帰支援の五つのステップ

（出所）厚生労働省・中央労働災害防止協会（2004）より作成

　五つのステップは，労働者が主治医による休業を要する診断書を提出して休業を開始する第1ステップ「病気休業開始及び休業中のケア」から始まり，職場復帰後の第5ステップ「職場復帰後のフォローアップ」まで具体的なプロセスが示されている。職場復帰支援の留意点として，休業開始と職場復帰にあたり，医学的診断は主治医によって行われるが，最終的な職場復帰の可否は職場が行うことを理解しておく必要がある。その判断には，上司，人事，産業医等の産業保健スタッフ（第10章参照）など休業者をとりまく関係者が「**職場復帰委員会**」を開催して，主治医の**診療情報提供書**をもとに，それぞれの立場から適切な評価を行う。こうした体制を整えるこ

とで適切な職場復帰の判断を行うことができる。

2-3　職場復帰支援の社会資源

　労働者の職場復帰支援は事業場だけでなく，医療保健機関等の外部機関との連携が重要である。以下，職場復帰支援に関する主な社会資源を紹介する。

①主治医（医療機関）

　前述のように，休業の直接的な原因である疾病の治療の主体は主治医にある。主治医の役割として，要休業の判断，診断書の発行，休業中の加療，職場復帰後のケア全般，患者の職場（産業保健スタッフ）との連携などにわたる。

②EAP 機関

　復帰支援を実施している EAP 機関（第9章参照）がある。契約企業の休業者に対して心理相談および職場や産業保健スタッフとの連携などの個別支援を行う場合もあれば，EAP 機関内に職場復帰に向けた職場復帰支援施設を併設し，職場復帰に備えたリハビリテーションプログラムを実施している機関もある。

③地域障害者職業センター

　独立行政法人高齢・障害・求職者雇用支援機構が運営する機関で，各都道府県に1か所以上設置されている。障害者に対する就労支援，職業リハビリテーション，事業主に対する障害者の雇用相談・援助，地域の関係機関に対する相談・援助を行っている。精神障害者に対する職場復帰支援として，リワークプログラムが導入されている。

2-4　心理職（公認心理師）としての役割と課題

　職場復帰支援における心理職（公認心理師）の役割は，休業前の心理面接から復職後のフォローアップ支援まで多岐にわたる。また，職場復帰支援は休業者をとりまく関係者が必然的に多くなるため，適切な情報収集とアセスメントを行いながら社内外の関係者との連携を進めていく支援が求められる。

　職場復帰支援の課題の一つとして，中小企業への支援があげられる。従業員

50人未満の事業場には産業医の設置が義務づけられていないため，事業場内心理職として職場復帰支援にかかわる機会はまれである。しかし，外部 EAP，医療機関・保健機関等の心理職として中小企業の事例に接する機会は多い。事業場内に産業保健スタッフが不在であっても，関係者や社会保険労務士などの専門職，次節で紹介する関係機関と連携して支援していくことが必要である。

3　障害者の就労支援

3-1　障害者雇用の現状

　1981年，国連は障害者の「完全参加と平等」をスローガンとした国際障害者年を定めた。その内容には障害者の適切な労働機会についても触れられており，わが国でも障害者が働くことについて検討されるようになった。1993年には**障害者基本法**が制定され，2011年の一部改正時には，働く意欲のある障害者が就労して社会参加をする総合的な支援を行うことが推進されてきた。その結果，2021年1月時点で雇用障害者数は57万8,292人にのぼる（厚生労働省，2021b）。障害のある人が障害のない人と同様，その適性に応じた雇用の場に就き，自立した生活を送ることができるため，障害者の就労支援に関して様々な法整備や制度が定められている。

　障害者雇用促進法では，事業主に対し，一定の割合以上で障害者を従業員として常時雇用することが義務づけられている。さらに障害者に対する差別的取扱いが禁止されており，事業主に，障害者が職場で働くにあたっての支障を改善するための**合理的配慮**が義務づけられている。車いすを利用する身体障害者用に作業しやすい高さの作業台やスロープを用意することは，その一例である。

　近年では障害者の就労の活躍の場として**特例子会社**が注目されている。特例子会社とは，企業が障害者の雇用に特別の配慮をしている子会社のことである。一定の認定条件を満たすことで設置が認められ，特例子会社の障害者の人数は，親会社が雇用する障害者雇用数に加えることができる。厚生労働省（2021c）によると，2020年6月1日現在で特例子会社は544社に及ぶ。

3-2　就労支援の社会資源

　障害者の就労支援を促す社会資源は，従来は公的な福祉施設が大半を占めていたが，民間企業の参画もみられるようになってきた。ここで，障害者の就労支援にかかわる主な社会資源を紹介する。

①公共職業安定所（ハローワーク）

　厚生労働省によって雇用機会を確保することを目的として設置されている機関である。職業紹介，職業相談，職業訓練，雇用保険，雇用対策などの業務を行っている。障害者に対しては，障害特性に応じた職業紹介，求人開拓等を実施しており，2019年度には新規求職申込件数が22.3万件，就職件数が10.3万件の実績が報告されている（厚生労働省，2021d）。また，法定雇用率未達成企業に対する指導も行っている。

②地域障害者職業センター

　障害者に対する就労支援等を行っている（前節参照）。とくに精神障害者に対しては，雇用促進，職場復帰支援（前節で紹介），雇用継続といった包括的な精神障害者総合雇用支援が行われている。

③障害者職業・支援センター

　都道府県知事が指定する社会福祉法人等の法人が運営する機関である。「ナカポツ」と称されることもある。2021年4月12日の時点で，全国に336センターが設置されている（厚生労働省，2021e）。障害者への社会参加の相談・援助が行われており，就労支援も行われている。生活習慣や生活設計など生活面の支援も行われている。

④障害者職業能力開発校

　国や都道府県および独立行政法人高齢・障害・求職者雇用支援機構が運営する機関である。障害者のうち，一般の公共職業能力開発施設において職業訓練を受けることが困難な重度の障害者に対して，その障害の様態に合わせた職業訓練を行っている。全国に19か所設置されている（厚生労働省，2021f）。

⑤就労移行支援事業所

　障害者総合支援法が定める就労移行支援サービスを提供する機関である。民

間企業や社会福祉法人などが運営している。**就労移行支援サービス**とは，一般企業への就労を希望する65歳未満の障害者に対して，就労スキルの獲得から就職までのサポートを行う支援である。サービス利用期間は２年間だが，必要性が認められた場合は最大12か月間延長できる。

⑥就労継続支援施設

　通常の事業場の勤務が困難な障害者に対しての就労施設である。Ａ型事業とＢ型事業の施設がある。Ａ型事業の対象者は，通常の事業場での雇用は困難だが，雇用契約にもとづく就労は可能な障害者であり，Ｂ型事業の対象者は，通常の事業場での雇用は困難で，かつ雇用契約にもとづく就労も困難な障害者となる。賃金はいずれのタイプにも支払われる。

3-3　心理職（公認心理師）としての役割と課題

　障害者雇用支援は就職することがゴールでなく，安心して長く働くための**定着支援**も重要である。これまで定着支援の主体は，前述の地域障害者職業センターなどで一定の養成研修を受講した**ジョブコーチ**（**職場適応援助者**）であることが多く，障害者の就職先に足を運び，職場に障害者の特性の説明を行うなど支援してきた。心理職（公認心理師）が支援を行う際は，職場風土や業務内容，その負荷を考慮した上で障害者の心理特性をアセスメントし，上司や関係者との連携を図ることで，対象者が職場で能力を発揮して，継続して勤務できることを目指すことが求められる。障害者の支援体制が不十分な事業場に対して，外部資源の立場から支援を行う場合もある（コラム参照）。

　障害者雇用が社会で求められる一方で，中央省庁において，障害者雇用の水増しが発覚（読売新聞，2018）するなど，雇用者側の姿勢が問われる事件が生じている。たしかに障害者を職場に受け入れるには，事業場の負担がかかることはいなめない。障害者の就労支援にかかわる心理職（公認心理師）は，障害者本人はもちろん，職場関係者が障害者を快く受け入れられるための風土づくりも今後の課題といえよう。

☕コラム　障害者の雇用継続を支援する新たな取り組み：Web を用いた定着支援システム ‹‹-‹‹

「離職率の高い精神・発達障害者に長い間勤めてもらいたい！」こうした現場の声から
生まれた障害者の職場定着支援ツールが「SPIS（エスピス：Supporting People to
Improve Stability）」だ。SPIS とは，職場で職場担当者（上司など）に加えて外部支援
者（心理職，福祉職など）が適宜介在することで，職場定着を促す目的で開発された日報
システムである。職場で働く障害者が，個人の特性に合わせた目標を設定して 4 段階で評
価し，毎日の状態がグラフで記録されることで自己管理につなげることができ，自由記述
を通して，上司を含む職場支援者や外部支援者とコミュニケーションがとれることを特徴
としている（図 12-2，図 12-3）。

　SPIS は，2013年度から2018年12月までに延べ120社，延べ約700人が利用してきた
（NPO 法人全国精神保健職親会，2019）。SPIS 利用者は，利用開始時から500日経過し
ても80％以上が就労を継続しており，一般の精神・発達障害者より10％強の上乗せがある
（中川，2018）。記録はパソコンやスマートフォンから入力でき，まさに IT 時代の支援ツ
ールといえよう。

　SPIS は Web という特徴から，職場外の専門職が外部支援者として携わることができ
る。外部支援者として当事者たちを支援している団体に一般社団法人 SPIS 研究所がある。
SPIS 研究所の外部支援者である公認心理師の橋倉正さんは「障害者は孤立しやすい。

図 12-2　SPIS と関係者

（出所）SPIS 研究所より提供

図 12-3　SPIS の日報画面

（出所）SPIS 研究所より提供

SPIS はつながりをつくり，みんなで支えることができる」，同じく宮木孝幸さんは「面と向かって本音を話せない当事者の想いが文字として表現される」と SPIS の利点を語る。
　SPIS 支援員の養成に関しては，NPO 法人全国精神保健職親会（http://vfoster.org/index.php）によって研修が随時実施されている。養成者研修は一定の条件を有している心理職であれば受講できる。あなたも新たな形の障害者支援に参加してみてはいかがだろうか。

4　ハラスメント相談

4-1　ハラスメントとは

　学校のいじめがしばしば報道されているが，このことは子どもたちに限ったことではない。大人の社会，職場でもいじめや嫌がらせが問題化されている。職場でのいじめや嫌がらせなど，人間関係の優位性を用いて適正な範囲を超えて相手を不快に感じさせる行為を**ハラスメント**という。ハラスメントは被害者が深い傷つきを経験するだけでなく，職場モラルの低下など職場環境に悪影響をおよぼす。本節では，職場のハラスメントのうち，**セクシュアルハラスメント**と**パワーハラスメント**について紹介する。

　職場のセクシュアルハラスメントとは，男女雇用機会均等法第11条により，「事業主が職場において行われる性的な言動に対するその雇用する労働者の対応により当該労働者がその労働条件につき不利益を受け，または当該性的な言動により当該労働者の就業環境が害されること」と示されている。前者は対価型セクシュアルハラスメントといい，上司から身体を触られたことに抵抗したため，理由のない降格処分が与えられるといった例が挙げられる。後者は環境型セクシュアルハラスメントといい，職場内に性的な内容の噂が流されたために就業意欲が低下してしまうといったことが一例である。被害者は女性だけでなく，男性や LGBT 当事者も含まれる。また，事業主が講ずるべき措置については，男女雇用機会均等法において明記されている。

　職場のパワーハラスメントは，労働施策総合推進法によって「優越的な関係

を背景にした言動で，業務上必要な範囲を超えたもので，労働者の就業環境が害されること」と定義されている。2019年5月の法改正により，国の施策としてパワーハラスメント防止策をとることが義務化された。職場のパワーハラスメントの内容は大きく6分類に分けられ，その範囲は幅広い。分類と具体例は表12-2にまとめられている。

　職場のパワーハラスメントに関しては，厚生労働省が運営しているサイト「あかるい職場応援団」（https://www.no-harassment.mhlw.go.jp/）を参照するとよい。このサイトには，基本情報や主な判例が網羅されている。

4-2　職場のハラスメント相談

　職場でハラスメントが生じた際，人事部門をはじめとする担当者は誠実かつ迅速に対応しなければならない。財団法人21世紀職業財団（2012）は，ハラスメント相談の基本的な流れとして，①「来談者からの訴え」，②行為者（加害者）からの「事実の確認」を経て，③ハラスメントの事実が確認されれば懲戒処分を含む「個別の措置」を行い，④再発予防のための「職場全体に対する措置」を行うものとしている。各職場はその実情に沿った相談フローチャートやマニュアルを作成しておくことが望ましい。

　職場のハラスメントが原因で，被害者が精神疾患に罹患することがある。また，被害者は労働災害（労災）の補償を申請することもある。その際，労働災害を認定する判断基準として，厚生労働省が2011年に公表した**心理的負荷による精神障害の認定基準**がある。この認定基準には，①「対象疾病を発病していること」，②「対象疾病の発病前おおむね6か月の間に，業務による強い心理的負荷が認められること」，③「業務以外の心理的負荷及び個体側要因により対象疾病を発病したとは認められないこと」の三つすべての要件を満たした場合，労働災害上の疾病として取り扱うことが記されている。

4-3　心理職（公認心理師）としての役割と課題

　職場のハラスメントに関する訴えがあったとき，心理職（公認心理師）がヒ

表 12-2　職場のパワーハラスメントの 6 分類

種別	具体例
①身体的な攻撃	叩く，殴る，蹴るなどの暴行を受ける。丸めたポスターで頭を叩く。
②精神的な攻撃	同僚の目の前で叱責される。他の職員を宛名に含めてメールで罵倒される。必要以上に長時間にわたり，繰り返し執拗に叱る。
③人間関係からの切り離し	1 人だけ別室に席をうつされる。強制的に自宅待機を命じられる。送別会に出席させない。
④過大な要求	新人で仕事のやり方もわからないのに，他の人の仕事まで押しつけられて，同僚は，皆先に帰ってしまった。
⑤過小な要求	運転手なのに営業所の草むしりだけを命じられる。事務職なのに倉庫業務だけを命じられる。
⑥個の侵害	交際相手について執拗に問われる。妻に対する悪口を言われる。

（出所）厚生労働省（2015）

アリングを担当することもあるが，その際，個人情報が漏洩しない配慮に加え，不適切なヒアリングによる二次被害を生み出さないように心がけなければならない。また，被害者の気持ちに傾聴しつつも一方的に要望を受け入れず，行為者（加害者）の主張にも耳を傾けて客観的な態度で接することが求められる。ハラスメントが認定され，行為者が処分を受けた場合，被害者ケアはもちろん，行為者に対する再発防止のための支援も必要である。

　ハラスメントによる職場環境の悪化は，業務の生産性にも影響を与えることから，人権問題であるのみならず企業の経営問題であるともいえる。法的義務だからしかたなく対策するのではなく，リスクマネジメントという視点をもち，積極的なハラスメント対策を行うよう啓発していくことも心理職（公認心理師）の重要な役割であろう。

> **❖考えてみよう**
> 　2018年 4 月以降，「働き方改革」により順次改正される法制度から，心理職として，労働者の働き方の多様性に対してどのように支援できるか，考えてみよう。

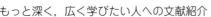もっと深く，広く学びたい人への文献紹介

柳沢　正和・村木　真紀・後藤　純一（2015）．職場の LGBT 読本　実務教育出版
　　☞ダイバーシティの中でも LGBT に関した文献である。基本知識や職場環境の現状といった情報だけでなく，LGBT の受け入れに関して先進的な企業や当事者インタビューなどの事例も紹介されている。
金子　雅臣（2011）．職場でできるパワハラ解決法　日本評論社
　　☞典型事例や判例といった事例はもちろん，和解方法やパワーハラスメントが生じるしくみまで解説されている。筆者のパワーハラスメントに関する解説は，公認心理師の支援におおいに活用でき，初学者から実践者まで参考になる。

引用文献

遠藤　源樹・杉田　篤子・大崎　洋平・春山　康夫（2017）．中小企業のためのメンタルヘルス不調社員実務対応・復職支援ハンドブック　平成29年度日本フルハップ研究助成報告書　http://www.nfh.or.jp/news/tyouken/2017/03houkoku.pdf（2019年 5 月25日閲覧）
NPO 法人全国精神保健職親会　（2019）．精神・発達障害者の就労定着のために——障害者雇用のあり方と職場の取り組みを考える——　平成30年度公益財団法人 JKA 補助事業事業報告書
厚生労働省（2015）．あかるい職場応援団　ハラスメントの類型と種類　https://www.no-harassment.mhlw.go.jp/foundation/pawahara-six-types/（2019年 6 月 1 日閲覧）
厚生労働省（2019a）．働き方改革——一億総活躍社会の実現に向けて——　https://www.mhlw.go.jp/content/000474499.pdf（2019年 6 月 1 日閲覧）
厚生労働省（2019b）．事業場における治療と仕事の両立支援のためのガイドライン（改訂版）
厚生労働省（2021a）．令和 2 年労働安全衛生調査（実態調査）　https://www.mhlw.go.jp/toukei/list/r02-46-50b.html（2021年 8 月21日閲覧）
厚生労働省（2021b）．令和 2 年障害者雇用状況の集計結果　厚生労働省令和 3 年 1 月15日プレスリリース
厚生労働省（2021c）．（参考）特例子会社制度一覧（令和 2 年 6 月 1 日現在）　https://www.mhlw.go.jp/content/000731366.pdf（2021年 8 月21日閲覧）
厚生労働省（2021d）．公共職業安定所（ハローワーク）の主な取組と実績　https://www.mhlw.go.jp/content/000735217.pdf（2021年 8 月21日閲覧）
厚生労働省（2021e）．障害者職業・生活支援センターについて　https://www.mhlw.go.jp/stf/newpage_18012.html（2021年 8 月21日閲覧）

厚生労働省（2021f）．令和 3 年度版厚生労働白書資料編　https://www.mhlw.go.jp/wp/hakusyo/kousei/20-2/（2021年 8 月31日閲覧）

厚生労働省・中央労働災害防止協会（2004）．改訂心の健康問題により休業した労働者の職場復帰支援の手引き　https://www.mhlw.go.jp/new-info/kobetu/roudou/gyousei/anzen/dl/101004-1.pdf（2019年 5 月25日閲覧）

中川 均（2018）．精神・発達障害者の雇用マネジメントシステム「SPIS」　産業精神保健，*26*(3)，227-232.

読売新聞（2018）．国の障害者雇用3875人不足　読売新聞　12月26日朝刊，27.

吉岡 拓也・根本 大輔・折本 敦子グレイス（2018）．実践健康経営――健康的な働き方への組織改革の進め方――　日本能率協会マネジメントセンター

財団法人21世紀職業財団（2012）．新・相談対応マニュアル――職場におけるセクシュアルハラスメント・パワーハラスメント防止のために――　財団法人21世紀職業財団

第13章　組織開発
——学びと変容のプロセス

松 本 寿 弥

　心理職（公認心理師）が対象とする個人は，家族や仲間集団，学校や職場などの組織に必ず属している。組織は個人によって構成されるが，やがて個人を超えた存在として歴史や文化・風土を積み上げ，そして構成員に大きな影響を与える。とくに職場の一員として，あるいは外部から雇われた心理職（公認心理師）として働く場合，個人だけでなく組織を対象とした仕事が求められる。それは個人のあり方が組織のあり方と切り離せないからである。本章では組織がその能力を十分に発揮できる可能性を伸ばすこと，そのために組織と構成員が変容することを手伝う仕事である「組織開発」について概観する。

1　組織開発とは

　組織開発（Organization Development：OD）とは組織がその潜在能力を発揮できるように援助する実践であり，それにまつわる知識の集合である。それは産業・組織心理学の一部ととらえることもできると同時に，経営行動学や社会心理学，精神分析学などの関連分野と歴史的な起源に接点のある，学際的な応用分野で発展途上のものだととらえることができる。

1-1　組織開発の目的と内容

　組織開発で目的とされるのは，組織の文化・風土と構成員の行動の変容だといえる。文化とは組織がその歴史の中で培い，構成員が共有する価値観や物事

の基本的なあり方などで，普段は意識されずに「当たり前」だと思われることである。たとえば，ある児童養護施設では入所児童に対して必要に応じて心理職によるプレイセラピーが行われていた。どの児童にプレイセラピーが必要なのかについては，生活を指導する職員の報告に応じて心理職が決定していた。この施設では心理職が児童の生活する場所に入ることはなく，セラピーのときにしか出会うことはなかった。そこでは次のようなことが生じた。児童がセラピーで生活場面での厳しさと生活職員への苦情を訴えるため，それを聴いた心理職は生活職員の厳しさに懸念を抱き，児童になるべく自由にすごす体験を与えようとした。一方で生活職員は，児童がセラピーによってわがままになってきていると考え，児童を甘やかしている心理職とセラピーに不信感を抱くようになった。この組織では長年，生活職員と心理職との領分に強い境界があり，それを越えないことが「当たり前」であったが，ここから問題が生じたものと考えられる。このような組織のあり方を変革する試みが組織開発である。

　なお組織の変革という語感からは，外部から強い力を加えるというイメージがうかぶかもしれない。しかし，組織開発はきわめて臨床的な営みであるといえる。すなわち，組織自身が主体となり，組織と組織開発実践者との細やかな相互作用によって，変化を促すというものである。

1-2　組織開発の歴史

　組織開発の歴史は複雑で，誰か特定の人物によって発明されたものでも特定のできごとによって生じたものでもない。興味深いのは，第二次世界大戦終結後の1946年にアメリカでは感受性訓練，として同じ年にイギリスでは社会技術システムが同時発生的にそれぞれ生まれ，現在への流れをつくっている点である。様々な名称でよばれていたものが「組織開発」という名前に定着するようになったのは，1950年代以降である。

感受性訓練

　アメリカで生まれた**感受性訓練**（sensitivity training）は別名を**Ｔグループ**（Ｔは訓練（training）あるいは実験室訓練（laboratory training）の意味）とよぶ。

感受性訓練の創設者はレヴィン（Lewin, K.）である。MIT マサチューセッツ工科大学のグループダイナミックス研究センター（Research Center for Group Dynamics）の所長だった彼は，感受性訓練のための非営利法人の研究所（最終的に NTL 応用行動科学研究所（Institute for Applied Behavioral Science）と命名された）を設立したが，その年に急死してしまう。しかしその後も NTL を中心に感受性訓練が盛んに実践されつづけ，そこでトレーニングを受けたマクレガー（McGregor, 1967）やアージリス（Argyris, 1964）などによって企業でチームビルディングを中心とした研修に使われるようになった。

　感受性訓練としては，様々なバリエーションが考案されているが，基本的には小グループ（8～10人程度）が主にお互いからのフィードバックによって洞察や学びを得るという人材開発の手法である。もともと人種問題への取り組みの中から生まれた手法だったが，個人の変容に役立つ手法であるため，1950年代後半ごろから産業・組織領域において，組織の変革を目的として活用されるようになった。したがって，T グループは組織開発の介入手法としてもっとも先駆的なものの一つだといえる。

社会技術システム

　同じころにイギリスでは，タヴィストック人間関係研究所（Tavistock Institute of Human Relations）のトリストとバムフォース（Trist & Bamforth, 1951）が炭鉱会社の相談を受けていた。炭鉱の作業，つまり石炭を掘り起こしそれを地上まで運び出す作業は，伝統的に六人一組のチームで行われていた。炭鉱労働者たちは自らチームを組むことができ，仕事の生産性はチーム単位で評価され報酬も与えられていた。しかし新たな採炭技術や器具が導入され，会社による管理が明確化することにより，仕事がより専門分化し個人単位で任されるようになった。それにつれ，チームとしての働きが弱まり，生産性が低下し欠勤が増えるようになった。トリストとバムフォースはこの問題に対して，新しい技術を使用しながらも，以前からのチームモデルを再活性化するような働き方を提案した。

　トリストはこの考え方を，働き方に関する新しいパラダイムであると考え，

それを**社会技術システム**（sociotechnical systems）と名づけた（Trist, 1960）。つまり管理者ではなく，現場の炭鉱技師たちが自分たちの力でより効果的な仕事の仕方を調整できるものととらえた。また職場や仕事の管理対象を個人ではなく仕事集団（workgroup）に置き，そして仕事は社会システム・技術システムとそれらの相互作用に影響されるだけでなく，組織とそれをとりまく環境（市場，法律，社会情勢など）にも影響されると理解した。つまり組織は環境に開かれている**オープン・システム**（Miller & Rice, 1967）であり，生き物のように複雑で多層的な存在であると理解された。

サーベイ・フィードバック法（survey feedback method）

以上二つの方法は臨床的でフィールドワーク的である一方，**サーベイ・フィードバック法**，つまりアンケート調査を用いた組織理解はもっとも産業・組織心理学的だといえる。リッカート（Lickert, R.）は1946年，ミシガン大学に調査研究センター（Survey Research Center, 後の社会研究所（Institute for Social Research））を創設した。1947年にレヴィンが急死したことにともない，MITで彼が創設したグループダイナミックス研究センターがミシガン大学に移管され，リッカートが引き継ぐことになった。そこで行われていた二つの研究である質問紙調査による組織診断とグループダイナミックスが組み合わされることで，サーベイ・フィードバック法が誕生した。

リッカートの指導のもと大きく貢献したのが，マン（Mann, F.）が取り組んだ電力会社を対象にした組織改善の実践研究である。マンは従業員を対象に質問紙調査を行った。そして調査結果のフィードバックを，回答者全員に対して，組織の階層に沿って上から縦断するという順序で，部局や職場のユニットごとに伝えていく方法である「連動する会議の連鎖（interlocking chain of conferences）」を考案した（Mann, 1957）。それぞれの部署・部局では，上司と部下が合同で改善策について話し合い計画を策定した。ここでコンサルタントは，データ分析，グループディスカッション，そして改善計画の策定を援助した。

1-3　組織開発の多様性と多層性

　組織開発が対象とする組織はどのようなものだろうか。実際には有名な世界的大企業から中小零細企業にいたるまでのあらゆる組織において，実践されている。また企業など産業・労働分野の組織に限らず，冒頭の例であげた児童養護施設などの福祉分野や，その他にも教育，医療，司法など公認心理師の活動を期待されている5分野のすべてにおいて，組織開発や組織開発をもとにした実践が行われている。心理相談に訪れるクライエントの一人ひとりが違うように，同じ組織は二つと存在しないし，それぞれが置かれている状況や具体的なニーズも違う。したがって組織開発はクライエントごとにその取り組みの方法を工夫することが求められる。すなわち組織開発は多様である。

　また組織開発は多層的であるともいえる。そもそも組織開発は組織への介入だと理解されるが，具体的には組織のどこへ介入するのだろうか。生物と生態系が多層的であるのと同じように，組織も多層的である。したがって，組織の個人，集団，あるいは組織そのものに働きかけることができる。これを冒頭の児童養護施設の例に戻って考えるとどうだろうか。組織開発実践者は，心理職の相談に乗ることも生活職員の相談に乗ることもできる。また互いの関係について二人と同時に話し合うこともできる。同様に心理職の集団，生活職員の集団をそれぞれ援助の対象とすることもできるし，それらの関係自体を対象とすることもできる。さらに児童養護施設の管理者と相談し施設全体の取り組みとして働きかけをすることもできるし，あるいは他の施設や地域（たとえば学校）との連携・協働関係への取り組みに展開することもできる。

　このように組織開発では多くの人を介入の対象とするが，そこでのクライエントは誰だといえるだろうか。組織開発の目的が組織の「当たり前」を変革することである限り，対象であるクライエントは組織そのものだといえる。具体的にかかわりをもつのは現場のスタッフ，管理職，あるいは組織の長であるが，それらの人々とのかかわりの中で，組織そのものがどう変化しているのかを観察し考える視点が必要だといえるだろう。

　また組織の「当たり前」をターゲットにした根本的な変革を目指すのは，力

動的な心理療法においてクライエントのパーソナリティの変容を目指すことと似ている。心理療法ではセラピストとクライエントは言語的に交流するが，そこで重要なのは言葉の内容自体よりもそこに込められた意味や情緒，共感とそこから展開する関係性のプロセスである。そこでは，意識レベルだけでなく無意識レベルの理解や交流が生じている。組織開発の実践においても同様に，取り組みのプロセスが重要であり，目に見えるレベルから水面下にあるレベルまで，理解し交流していく試みが重要だといえる。

　なお，組織において変化をリードする人物を**チェンジ・エージェント**（change agent）とよぶが，組織開発のプロセスにおいて実践者は，多かれ少なかれこのチェンジ・エージェントの機能をもつことになる。

2　組織開発の理論

　組織開発は組織の変容を実践する営みであるが，その背後にある理論は個人の心理学から集団社会の心理学まで非常に幅広い。組織開発は実践活動であるため，学問領域のように単一の理論的パラダイムがあるわけではない。ここでは組織開発実践を支える基本理論と組織の変革に関する理論とを紹介する。

2-1　組織開発の基本理論

アクションリサーチ（action research）

　研究することと何らかの行動をとることは切り離せないものだと考えたのがレヴィン（Lewin, 1946）である。彼は，社会の現実課題（たとえば集団間の対立，リーダーシップなど）への取り組みのために実施する研究の手法として，アクションリサーチを提唱した。**アクションリサーチ**は，①取り組み可能な問題を特定する，②状況を実情調査する，③得られた「計画」にもとづいて最初の行動を起こす，④結果を吟味する，⑤必要に応じて計画を改定する，⑥次の行動を起こし，再度結果を吟味する，というサイクルをまわり続けることが基本形態である。

　アクションリサーチを組織開発に最初に活用したのが，レヴィンのもとで学んだフレンチ（French, J. R. P.）とクライエントのコッホ（Coch, L.）である。パジャマ工場で組織開発を実践する中で彼らが直面したのは，労働者の抵抗であった。トップダウンに対する労働者の不満があることを見出した彼らは，労働者の意向を取り入れた実践をし，問題を乗り越えていった。これは現代の参加型マネジメントの根拠となっている（Coch & French, 1948）。その後フレンチ（French, 1969），フローマン他（Frohman, Sashkin, & Kavanagh, 1976）そして，シャイン（Schein, 1980）によって組織開発への応用方法が確立していった。

変革の3段階（changing as three steps：CATS）

　レヴィン（Lewin, 1947）は人や社会が変わるには集団レベルでの変化が必要だと考えた。変化は三つの段階を経て生じるという**変革の3段階**を提唱した。最初に必要なのは現状の「溶解（unfreezing）」である。何らかの心を動かされる経験，たとえば感受性訓練，あるいは組織開発実践で研修を受ける，組織状況についての調査結果を知らされるなど，現状を揺さぶる効果を指す。次の段階は「移行（moving）」であり，集団や組織を具体的に変える，つまり新たなレベルに移行される行動，たとえば研修や組織改変に取り組むことである。最後の段階は「凍結（freezing）」である。ここでは組織や集団が移行したレベルに定着できるように，たとえば集団のかかわり方を競争から協働に変えることや，管理の仕方や報酬体系を変えるなどによって，新たに到達した行動様式を強化し維持するための仕組みを設ける取り組みがなされる。現在ではシャイン（Schein, 1987）がこのモデルを精緻化し改名した，**溶解**（unfreezing），**変化**（changing），**再凍結**（refreezing）のよび方が定着している。

計画された変革フェーズ（phases of planned change）

　リピット，ワトソン，そしてウェスリー（Lippitt, Watson, & Westley, 1958）はレヴィンの変革の3段階を発展し変革が五つのフェーズ（phase：時期）をたどるという**計画された変革フェーズ**を考案した。レヴィンが段階（step）とよんでいることに対して，変化は実際には各段階が交差し重複するとの考えからフェーズとよんでいることは，心理援助の過程を記述するときの考え方と重な

るものである。五つのフェーズは①変革に向けたニーズの醸成（溶解），②変革のための関係性の構築，③変革に向けた取り組み（変化），④変革の般化と安定化（再凍結），⑤関係の終結，である。これらのフェーズは，リピット以降も精緻化されている。

2-2　組織変革に関する理論

バーク＝リトウィン・モデル（Burke-Litwin model）

　バーク＝リトウィン・モデルは組織の診断と変革に必要な見取り図を網羅的に提供してくれるものである（Burke & Litwin, 1992）（図 13-1）。ここでは，組織を外部環境の中にあるオープン・システムととらえ，組織の構成要素を図式化している。とくに組織の変革にかかわる要素と，組織の運営や維持にかかわ

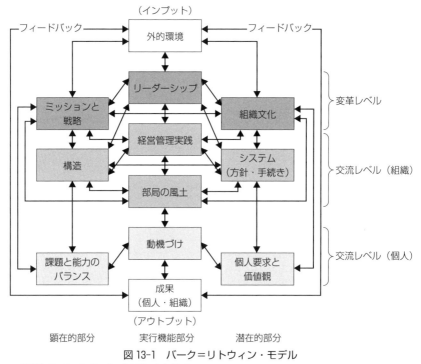

図 13-1　バーク＝リトウィン・モデル

（出所）Burke & Litwin（1992）より作成

る実務的・交流的な要素が区別されている。つまり介入に求められるのが変革
レベルなのか（顕在的にはミッションと戦略，潜在的には組織文化，実行機能とし
てはリーダーシップ），組織の交流レベルなのか（顕在的には組織構造，潜在的に
はシステム，実行機能としては経営管理実践とそれにもとづく部局の風土），あるい
は個人の交流レベルなのか（顕在的には課題と能力のバランス，潜在的には個人
の要求と価値観，実行機能としては動機づけ）に分類される。

　このようなモデルは，組織のどの要素に，どのように介入しその変化を目指
すのかについて概念化・可視化できるため，関係者と共有することに役立つ。

組織学習（organizational learning）

　組織が実際に変化するためには，組織そのものが問題解決能力を高める必要
があると考えられる。アージリスとショーン（Argyris & Schön, 1978）は，**組
織学習**が起きるためには，既存の思考のみでなされるシングルループ学習から，
学び方そのものについて内省する（つまりプロセスに関心をもつ）ダブルループ
学習が必要だと考えた。センゲ（Senge, 1990）はさらに，組織学習には組織の
トップが組織の複雑性や相互作用性を理解する**システム思考**をもつことが必要
である，と指摘した。

2-3　組織の明白な部分と覆い隠された部分の理解

　精神分析や力動心理学で考えられている防衛機制は，集団・組織のレベルで
も生じるものである。組織メンバーによって不安や葛藤が生じやすい状況が頻
発する職場では，それを感じなくてすむような仕組みや働き方が制度化される
などの**社会的防衛**（social defense）が生じ得る（Menzies, 1960）。たとえば重篤
な患者が入院する病棟では，看護師が特定の患者を担当せず，多数の看護師が
交代しながら看護するという仕組みのようなことである。

　また精神分析家ビオン（Bion, 1961）は，仕事をともにする集団がじつは二
つの集団によって構成されていると考えた。**ワークグループ**（work group）は
仕事そのものを課題として，意識上で合理的な成果を目指す集団である。一方，
基底的想定グループ（basic-assumption（ba）group）は，無意識で非合理的なも

のにもとづいてふるまう集団である。基底的想定とは，集団がたどると思われる避けられない帰結であり，ワークグループを促進する機能をもつ場合と，反対に妨害する機能をもつ場合がある。そしてビオンは基底的想定には三つのグループがあるとした。**依存グループ**（ba dependency：リーダーの庇護を求める），**闘争─逃走グループ**（ba fight/flight：集団の生き残りのために闘うか逃げるかする），そして**ペアリンググループ**（ba pairing：カップル（とくに男女）による新しいアイデア，つまり救世主の誕生を願う）である。集団はその状態によって，ワークグループの部分が前景化して生産的に機能しているときもあれば，ある基底的想定グループが前景化してしまう場合もあると考えられる。のちに四つ目の基底的想定グループとして**一体グループ**（ba oneness：他者や全能者との融合に救いを求める）（Turquet, 1974）や五つ目として**私（非）グループ**（ba me-ness：集団を求めず引きこもる）（Lawrence, Bain, & Gould, 1996）が提案されている。ビオンは組織開発実践家ではなかったが，彼の集団理解は組織開発に役立つと同時に，非常に大きな影響を及ぼしているといえる。

3　組織開発の方法

　現在様々な名称の組織開発実践が存在するが，そのうち代表的な介入方法を紹介する。これらの手法は公認心理師に期待される役割と重なるものである。

3-1　組織開発実践家の役割と介入方法

　組織開発実践者は**コンサルタント**とよばれることが多い。広義には相談全般を受ける者であり，狭義には他の専門家（実践者）の相談を受ける者である。委託される**外部コンサルタント**と組織の従業員である**内部コンサルタント**に分けられるし，組織を直接変える権限はもたないが，変化をリードするチェンジ・エージェントとして機能できる。ブロック（Block, 2011）はコンサルテーションの5フェーズを，①エントリーと契約，②現状理解と対話，③分析と行動内容の決定，④エンゲージメント（クライエントや関係者とかかわること）と

☕コラム　日本における組織開発の試み：「組織心理コンサルテーション」

わが国で心理職（公認心理師）が携わっている組織開発実践と研究の一つに組織心理コンサルテーション（川畑，2014；松本・川畑，2017；松本，2019）がある。京都文教大学産業メンタルヘルス研究所で，2010年からニューヨークにあるホワイト研究所（William Alanson White Institute）の組織プログラムからガートラー（Gertler, B.）らを川畑直人が招聘し，組織開発と組織コンサルテーションを学びはじめたのがその始まりである。これは，精神分析的・力動心理学的知識とシステム論的知識を融合した**システム心理力動**的なアプローチで，企業，福祉施設，医療機関，教育機関，プロスポーツチームなどで実践研究を進めている。

実行，⑤延長かリサイクルか終結，に分類した。また，コンサルテーションのプロセスの12の段階を，①当初の問題の定義，②プロジェクト進行の決定，③検討する次元の特定，④プロジェクト参加者の決定，⑤方法論の選定，⑥方法論の実践と探索，⑦〜⑨データの整理と理解，⑩結果の提供，⑪助言，⑫行動の決定，に整理している。重要なのは，クライエントと協働関係を築くことであり，組織の技術的・社会的側面の双方に気を配りながら，目標達成への活動を徹底し，偽りなく正直（authentic）であることである。

　組織開発では個人相談をカウンセリングではなく**コーチング**とよぶ。それは職場・組織の目的のために行うものであり，活動のパフォーマンスを最大化あるいは向上するための支援であるととらえられるからである（Whitmore, 2017）。役員レベル（ビジネスマン）を対象とした**エグゼクティブ・コーチング**は目標達成が重視されるために，カウンセリングのように，個人的内容（たとえば性格，キャリアや仕事観，部下や家族との関係など）は一般的には扱われない。しかし近年ではカウンセリングに近い，システム心理力動的な関係コーチング（relational coaching）（Cavicchia & Gilbert, 2018）やカウンセリングとコーチングを統合する援助モデルをつくる試み（Popovic & Jinks, 2013）が始まっている。

　組織開発実践者は個人の相談とともに集団の**ファシリテーター**の役割が期待される。たとえば研修におけるグループワークや会議における意思決定，交渉などの場面で組織の対話や相互理解，意思決定を促進することがファシリテーションである。ファシリテーションのスキルは集団心理療法やリーダーシップ

と重なるところが多い（Yalom & Leszcz, 2005）。

3-2　現在の主要な組織開発手法

現在の主要な組織開発手法としての古典であるのは**プロセス・コンサルテーション**（Schein, 1987, 1999, 2009）であろう。また，最新の組織開発手法として**対話型組織開発**（Bush & Marshak, 2015）がある。いずれの手法も，人間の変容の中心に対話と協働関係の重要性を置いている。それは臨床心理学が培ってきた実践と知識に重なるものだといえる。

❖考えてみよう
　組織的な問題を抱えている事例を一つ想定した上で，具体的にどのように取り組むことで問題解決ができそうか，考えてみよう。

もっと深く，広く学びたい人への文献紹介

荻阪 哲雄（2016）．社員参謀！──人と組織をつくる実践ストーリー──　日本経済新聞出版社
　☞組織開発実践者による小説である。リアルなストーリーを通して，組織開発による組織文化の変革プロセスが実感できる。

Bush, G. R., & Marshak, R. J. (Eds.). (2015). *Dialogic organization development: The theory and practice of transformational change.* Oakland, CA: Berrett-Koehler.
　（ブッシュ，G. R.・マーシャク，R. J.　中村 和彦（訳）（2018）．対話型組織開発──その理論的系譜と実践──　英治出版）
　☞組織開発実践がいかに心理臨床的な対人援助と共通しているのかを実感できる網羅的テキストである。

引用文献

Argyris, C. (1964). T-groups for organizational effectiveness. *Harvard Business Review, 42*(2), 60-74.

Argyris, C., & Schön, D. (1978). *Organizational learning: A theory of action perspective.* Reading, MA: Addison-Wesley.

Bion, W. R. (1961). *Experiences in groups.* New York: Basic Books.

Block, P. (2011). *Flawless consulting: A guide to getting your expertise used* (3rd ed.). San Francisco, CA: Pfeiffer.

Burke, W. W., & Litwin, G. H. (1992). A causal model of organizational perform-ance and change. *Journal of Management, 18*, 532-545.

Bush, G. R., & Marshak, R. J. (Eds.). (2015). *Dialogic organization development: The theory and practice of transformational change.* Oakland, CA: Berrett-Koehler.

（ブッシュ，G. R.・マーシャク，R. J.　中村　和彦（訳）(2018)．対話型組織開発——その理論的系譜と実践——　英治出版）

Cavicchia, S., & Gilbert, M. (2018). *The theory and practice of relational coaching: Complexity, paradox, and integration.* New York: Routledge.

Coch, L., & French, Jr, J. R. (1948). Overcoming resistance to change. *Human Relations, 1*(4), 512-532.

French, W. (1969). Organization development objectives, assumptions and strat-egies. *California Management Review, 12*(2), 23-34.

Frohman, M. A., Sashkin, M., & Kavanagh, M. J. (1976). Action-research as applied to organizational development. *Organization & Administrative Sciences, 7*(1/2), 129-142.

川畑　直人 (2014)．組織心理コンサルテーション事始め　京都文教大学産業メンタルヘルス研究所レポート，*4*，3-8.

Lawrence, W. G., Bain, A., & Gould, L. (1996). The fifth basic assumption. *Free Associations, 6*(1), 28-55.

Lewin, K. (1946). Action research and minority problems. *Journal of Social Issues, 2*, 34-46.

Lewin, K. (1947). Group decision and social change. In T. M. Newcomb, E. L. Hartley, et al. (Eds.), *Readings in social psychology* (pp. 330-344). New York, NY: Henry Holt.

Lippitt, R., Watson, J., & Westley, B. (1958). *Dynamics of planned change.* New York, NY: Harcourt, Brace.

Mann, F. C. (1957). Studying and creating change: A means to understanding social organization. In C. M. Arensberg, S. Barkin, W. E. Chalmers, H. Wilensky, J. C. Worthy & B. D. Dennis (Eds.), *Research in industrial human relations* (pp. 146-170). New York: Harper & Brothers.

松本　寿弥 (2019)．産業臨床と組織心理コンサルテーション　川畑直人（監）京都精神分析心理療法研究所（編）対人関係精神分析の心理療法——わが国における訓練と実践の軌跡——（pp. 194-216）誠信書房

松本　寿弥・川畑　直人 (2017)．組織心理コンサルテーションの諸理論Ⅰ　京都文教大学産業メンタルヘルス研究所レポート，*5*，3-22.

McGregor, D. (1967). *The professional manager*. New York, NY: McGraw-Hill.

Menzies, I. E. P. (1960). A case-study in the functioning of social systems as defense against anxiety: A report on a study of the nursing service of a general hospital. *Human Relations, 13*(2), 95-121.

Miller, E. J., & Rice, A. K. (1967). *Systems of organization*. London, England: Tavistock.

Popovic, N., & Jinks, D. (2013). *Personal consultancy: A model for integrating counselling and coaching* (1st ed.). New York: Routledge.

Schein, E. H. (1980). *Organizational psychology* (3rd ed.). Englewood Cliffs, NJ: Prentice-Hall.

Schein, E. H. (1987). *Process consultation, Vol. 2: Lessons for managers and consultants*. Reading, MA: Addison-Wesley.

Schein, E. H. (1999). *Process consultation revisited: Building the helping relationship*. Reading, MA: Addison-Wesley.
　（シャイン，E. H.　稲葉 元吉・尾川 丈一（訳）（2012）．プロセス・コンサルテーション──援助関係を築くこと──　白桃書房）

Schein, E. H. (2009). *The corporate culture survival guide* (new and rev ed.). San Francisco, CA: Jossey-Bass.

Senge, P. M. (1990). *The fifth discipline: The art and practice of the learning organization*. New York, NY: Doubleday.

Trist, E. (1960). *Socio-technical systems*. London, England: Tavistock Institute of Human Relations.

Trist, E., & Bamforth, K. (1951). Some social and psychological consequences of the long wall method of coal-getting. *Human Relations, 4*(1), 1-8.

Turquet, P. M. (1974). Leadership: The individual in the group. In G. S. Gibbard, J. J. Hartman & R. D. Mann (Eds.), *Analysis of groups: Contributions to theory, research and practice* (pp. 349-371). San Francisco, CA: Jossey-Bass.

Whitmore, J. (2017). *Coaching for performance: The principles and practice of coaching and leadership* (5th ed.). Boston, MA: Nicholas Brealey.

Yalom, I. D., & Leszcz, M. (2005). *The theory and practice of group therapy* (5th ed.). New York, NY: Basic Books.

索　引

《監修者紹介》

川畑直人（かわばた　なおと）

京都大学大学院教育学研究科博士後期課程中退　博士（教育学）
William Alanson White Institute, Psychoanalytic Training Program 卒業
公認心理師カリキュラム等検討会構成員，同ワーキングチーム構成員
公認心理師養成機関連盟　事務局長
現　在　京都文教大学臨床心理学部　教授　公認心理師・臨床心理士
主　著　『対人関係精神分析の心理臨床』（監修・共著）誠信書房，2019年
　　　　『臨床心理学——心の専門家の教育と心の支援』（共著）培風館，2009年　ほか

大島　剛（おおしま　つよし）

京都大学大学院教育学研究科修士課程修了
17年間の児童相談所心理判定員を経て現職
現　在　神戸親和大学文学部　教授　公認心理師・臨床心理士
主　著　『発達相談と新版Ｋ式発達検査——子ども・家族支援に役立つ知恵と工夫』（共著）明石書店，2013年
　　　　『臨床心理検査バッテリーの実際　改訂版』（共著）遠見書房，2023年　ほか

郷式　徹（ごうしき　とおる）

京都大学大学院教育学研究科博士後期課程修了　博士（教育学）
現　在　龍谷大学文学部　教授　臨床発達心理士・学校心理士
主　著　『幼児期の自己理解の発達——３歳児はなぜ自分の誤った信念を思い出せないのか？』（単著）ナカニシヤ出版，2005年
　　　　『心の理論——第２世代の研究へ』（共編著）新曜社，2016年　ほか

《編著者紹介》

加藤容子（かとう　ようこ）

名古屋大学大学院教育発達科学研究科心理発達科学専攻博士後期課程単位取得満期退学　博士（心理学）
現　在　椙山女学園大学人間関係学部心理学科　教授　公認心理師・臨床心理士
主　著　『ワーク・ファミリー・コンフリクトの対処プロセス』（単著）ナカニシヤ出版，2010年
　　　　『わたしのキャリア・デザイン』（共著）ナカニシヤ出版，2014年　ほか

三宅美樹（みやけ　みき）

名古屋市立大学大学院精神保健看護学分野修了　修士（看護学）
トヨタ車体株式会社にて心理職の社員（グループ長）として勤務後，現職
現　在　みきカウンセリングオフィス　主宰／株式会社トヨタ車体研究所，トヨタループス株式会社　公認心理師・臨床心理士・認定心理士
主　著　『わたしのキャリア・デザイン』（共著）ナカニシヤ出版，2014年
　　　　『心の専門家養成講座⑧産業心理臨床実践』（共著）ナカニシヤ出版，2016年　ほか

《執筆者紹介》

加藤容子（かとう　ようこ）編者，序章，第1章，第5章
　　椙山女学園大学人間関係学部　教授　公認心理師・臨床心理士

三宅美樹（みやけ　みき）編者，第9章，第10章
　　みきカウンセリングオフィス　主宰／株式会社トヨタ車体研究所，トヨタループス株式会社
　　公認心理師・臨床心理士・認定心理士

西脇明典（にしわき　あきのり）第2章
　　西脇法律事務所　弁護士

富田真紀子（とみだ　まきこ）第3章
　　名古屋市立大学大学院人間文化研究科　准教授

前川由未子（まえかわ　ゆみこ）第4章，第5章
　　金城学院大学国際情報学部　講師

竹田龍二（たけだ　りゅうじ）第6章
　　東海旅客鉄道株式会社名古屋健康管理室　公認心理師・臨床心理士

田丸聡子（たまる　さとこ）第7章
　　トヨタ車体株式会社安全健康推進部健康企画推進室　公認心理師・臨床心理士

水島秀聡（みずしま　ひでとし）第8章
　　小島プレス工業株式会社安全健康環境部安全健康推進室　公認心理師・臨床心理士

田上明日香（たのうえ　あすか）第8章
　　SOMPOヘルスサポート株式会社　公認心理師・臨床心理士

清水康代（しみず　やすよ）第11章
　　ダイハツ工業株式会社ダイハツ保健センター　公認心理師・臨床心理士

坊　隆史（ぼう　たかし）第12章
　　実践女子大学人間社会学部　准教授

松本寿弥（まつもと　ひさや）第13章
　　名古屋大学学生支援本部学生相談センター　教育連携室長

公認心理師の基本を学ぶテキスト⑳

産業・組織心理学
――個人と組織の心理学的支援のために――

2020年4月30日　初版第1刷発行	〈検印省略〉	
2024年8月10日　初版第5刷発行		

定価はカバーに
表示しています

監 修 者	川大郷	畑島式	直	人剛徹
編 著 者	加三	藤宅	容美	子樹
発 行 者	杉	田	啓	三
印 刷 者	田	中	雅	博

発行所　株式会社　ミネルヴァ書房

607-8494　京都市山科区日ノ岡堤谷町1
電話代表　(075)581-5191
振替口座　01020-0-8076

ⓒ加藤・三宅ほか，2020　　創栄図書印刷・吉田三誠堂製本

ISBN978-4-623-08720-4

Printed in Japan

公認心理師の基本を学ぶテキスト

川畑直人・大島　剛・郷式　徹 監修

全23巻

Ａ５判・並製・各巻平均220頁・各巻予価2200円（税別）・＊は既刊

── ミネルヴァ書房 ──

https://www.minervashobo.co.jp/